全国中考
语文热点
作家精选

仰望星空

闫荣霞 主编

中学生必读励志类经典美文
中考作文素材类优秀作品

作者曾多次命中中考作文及阅读理解原题

哈爾濱工業大學出版社
HARBIN INSTITUTE OF TECHNOLOGY PRESS

图书在版编目（CIP）数据

仰望星空 / 闫荣霞主编. — 哈尔滨：哈尔滨工业大学出版社，2021.8

（全国中考语文热点作家精选）

ISBN 978-7-5603-9507-4

Ⅰ. ①仰… Ⅱ. ①闫… Ⅲ. ①阅读课－初中－升学参考资料 Ⅳ. ①G634.333

中国版本图书馆CIP数据核字(2021)第110914号

仰望星空
YANGWANG XINGKONG

策划编辑 张凤涛
责任编辑 佟 馨 宗 敏
装帧设计 博鑫设计
出版发行 哈尔滨工业大学出版社
社 址 哈尔滨市南岗区复华四道街10号 邮编 150006
传 真 0451-86414749
网 址 http://hitpress.hit.edu.cn
印 刷 哈尔滨市石桥印务有限公司
开 本 787mm × 1092mm 1/16 印张 11 字数 180 千字
版 次 2021年8月第1版 2021年8月第1次印刷
书 号 ISBN 978-7-5603-9507-4
定 价 29.80 元

目录
CONTENTS

第一辑　善良是可以传递的

第二辑　走自己的路，让西瓜去说吧

第三辑　不会衰老的只有智慧

第四辑　总是后来才明白

第一辑

善良是可以传递的

善良是可以传递的，威廉因一点善念，救了一个陌生的老人，老人又用自己的善良改写了他的命运。在这喧嚣的尘世里，这些星星点点的善良就像穿透阴霾的阳光，给人希望，给人温暖。

诚信专卖店

凌鼎年

诚信专卖店在这个国家的出现，是造足了舆论，在许许多多国民的盼望中开张的。

因为在此店开张前，诚信专卖店的钱老板通过电视台、电台、日报、晚报、网站，以及街头派送宣传资料等全方位宣传，使这样一个信息几乎家喻户晓，即12月28日前往诚信专卖店的任何一个人，不管是男人或女人，不管是老人或小孩，不管是当官的或平民，不管是大款或乞丐，都将发给一张诚信专卖店的贵宾卡，以后，凭此贵宾卡，如向诚信专卖店出售诚信，可按市价再加三成；反之，如向诚信专卖店购买诚信可优惠30%，即便宜30%的价钱。

因为不是给现金或实物，故而想去领这张贵宾卡的人并不多。不过诚信专卖店的目的达到了，店尚未开张，国民都知道了：将有一爿奇特的商店要开张营业。

据说诚信专卖店开张那天还是挺热闹的，高官要员去了不少。凡踏进店门的，一概赠送一张诚信专卖店的贵宾卡，也不管你要还是不要。

开张仪式结束后，诚信专卖店店堂里就冷冷清清了，因为店堂的柜台里空空如也，这看不见摸不着的诚信如何买卖呢？这样开张了三天，竟一笔生意也没有。

直到第四天上午，来了一位外国打工仔，说没找到工作，入不敷出，而手头要钱急用，想把自己的诚信卖给店里。钱老板说可以啊，但不知是让店家买断，还是暂当？外国打工仔一看买断比暂当要多一倍的钱，就选择了买断。

钱老板用一种专门的仪器在打工仔身上一吸，就算是成交了，很爽快地向他付了钱。

哇，十万元钱呢。轻轻松松就能换十万元钱，这种好买卖如今到哪儿去寻呀。一传十，十传百，从第五天开始，来诚信专卖店出售诚信的人越来越多，甚至排起了长队。有位领到贵宾卡的无业游民果然比别人多拿到三成，卖了十三万元钱。不少人懊悔莫及，都说诚信专卖店确确实实诚信。大伙儿对此店愈发相信了。

在不到半年的时间里，诚信专卖店几乎收购了 30% 国民的诚信。

这之后，这个国家几乎无诚信可言，尔虞我诈、钩心斗角司空见惯，大家都是你骗我来我骗你，以致弄得案件不断，治安极其混乱。其他国家的人再也不敢与这个国家的人打交道、做生意了，国家的经济状况一落千丈。

为了挽救国家，国家的最高当局出台了几条紧急措施，例如：一、凡已出售诚信者，一律不得担任公职，已担任的，一经查实，立即开除；二、政府鼓励赎回诚信，凡有诚信者，将优先考虑安排工作……

这之后，来诚信专卖店购买诚信的人多了起来。暂当的还算好，钱老板只加三成就肯让其赎走，但买断的，则对不起，价钱非翻番不可，要就要，不要拉倒。

有些国民愤怒了，责问钱老板怎么开诚信专卖店，却没有诚信。钱老板说：“我是做诚信买卖的，靠买卖诚信赢利的，对不起，我不是诚信老板。”此时，国民们才知道自己上当了。从此，那些没有诚信的国民成了三等公民，他们发现没有了诚信，简直就成了行尸走肉，他们懊悔啊。他们恨死了钱老板，也恨死了自己。只是后悔药很苦很苦。

美文赏析

本文题目贯穿全文，是故事情节发展的线索。文中采用了隐喻和讽刺手法，暗示我们应该坚守诚信，否则后悔药吃起来是很苦的。文章运用大胆的想象和极度的夸张手法，突出人们出售诚信的丑态和后果，给人以强烈震撼，有很强的警示作用。

与众不同

张亚凌

母亲一直是个与众不同的人，打我一开始认识世界，她就给了我这样的感觉。

以前，谁家有红白事，左邻右舍的女人们都会去帮忙。孩子们就兴奋得不得了，母亲们会见缝插针跑回家里给自己孩子送个夹着豆腐或肉片的白面馍馍，那是过年才会吃一两次的好吃食。自己母亲去别人家帮忙，令很多孩子眼里如同过年般欢喜，充满期待。更有一些孩子就站在那正在“过事”的人家门口，母亲像有心电感应般，会跑出来塞俩白面馍馍。胆大的，直接跑进人家家里，明目张胆地往出拿。

我的母亲从来不会自己悄悄拿啥回来，更不允许我站在人家门口乞讨般丢人现眼。

多少次，别人家有红白事，年幼的我远远地坐在自家门口的石墩子上，看着巷子里同龄孩子拿着白面馍馍欢快地穿梭，心里羡慕又伤心。有时路过的大妈婶子也会招呼我，“找你妈去，给你夹个香馍馍”，我会摇摇头，而后双腿前后踢着，踢的是满心的委屈。

记得有次正在帮忙的母亲也匆匆走回家里，坐在门口的我赶紧跟进去——母亲会不会也带好吃的回来？结果母亲翻箱倒柜，找出来一截布料，又要匆匆离开。

就在她前脚跨出门槛的一刹那，我“哇——”地哭了，好像那一刻再不哭，我就会被活活憋死。母亲似乎什么都知道，她回头看了我一眼，说了句“妈哪天也给我娃做好吃的”，就离开了。

我不能吃到别的孩子都炫耀的“白面馍馍”，其实所有在母亲眼里不应该吃的，我都吃不到。

一些孩子有时吃炒豌豆，一粒一粒往嘴里抛，焦香焦香的味儿霸道得铺天盖地，好像走到哪里都躲不开，走多远都可以闻到。别人家的母亲是从饲养员那里讨要的。都是一条巷子，给母亲一把孩子会高兴多少天，那么大的牛，那么多的一群，它们要吃多少豆饲料啊，哪儿会在乎那一把？

我给母亲说，饲养室的憨叔特别好说话，说了好些小伙伴的名字，说他们妈妈要豆子憨叔都给。母亲看着我，沉默了。我以为她在想怎样去讨要，满脸热切地看着她。“就那点德行，连牛的料都不放过？队上那么多地，都让你们嘴馋了，牛能犁动地？”母亲说。

我是吃不到炒豆子的。哼，不吃就不吃。她不拿别人家的东西，不意味着我不会偷，身边的孩子都在偷，看一看就学会了。

别的孩子到生产队的打麦场，在麦堆里走几圈，鞋里就都是麦粒了，回家一倒，再去。看管的大人也睁只眼闭只眼，不是很过分就不言语。我终于大着胆子学着偷了一次，回到家里时，脚心都让麦子垫得很不舒服。可是心里舒服呀，我也像别人家的孩子一样，会把东西给自己家弄回来了。卖货的货郎来了，就可以用麦子换东西了。

“这是我自己弄回家的，与你没有关系。”我骄傲又有点挑衅地让母亲看时，她拎起我的鞋就砸到我身上，骂道：“是不是为了馋嘴就啥都不顾了？”

然后，她又逼着我把麦子给还了回去。

从此，我不再看别家孩子的样子：我的母亲跟人家的母亲不一样，人家母亲会因为孩子“能干”而夸奖，我的母亲却不允许我做这种“能干”的事。我的母亲，死板，一根筋，我多么希望一觉睡醒，换了母亲。

原先的时候，农村父母对孩子上学似乎不像现在这么热心。我们巷子的孩子，一个接一个地辍学了。大人们觉得，老天给一条命就会给一碗饭，干吗非得上学？那时已经包产到户改革开放了，不上学活路多得是。母亲不行，全村我就读的那一个年级从六十多个孩子到只剩下三个时，她坚持不让我辍学，尽管我上得很吃力，偏科极严重。

第一年落榜，她说服父亲让我补习。别人取笑母亲，说你家娃上得学越多越赔钱。母亲说，养娃不是养猪，我就没想挣钱，只要娃将来好就行。

我很无奈，好像一生注定要被一个固执的母亲毁掉。艰难地跋涉在自己并不怎么喜欢的求学路上，直到考上大学，上了自己喜欢的中文系。

多年后的今天，回望自己走过的路，那么笨拙的一个傻丫头，穿过那么漫长的贫苦的岁月，过上了一种不错的生活。

我看见，母亲在天上笑着……

美文赏析

文章主要通过四件事来刻画母亲的固执，人物形象丰满，栩栩如生。正是因为母亲固执得与众不同，作者才得到了正确的教育。字里行间透露着作者对母亲深深的敬爱与感恩之情。

酒酿王

凌鼎年

黄阿二的酒酿在古庙镇上的老老少少都跷起大拇指，没有不说呱呱叫的。古庙镇人黄、王不分，大伙习惯喊黄阿二为“酒酿黄”，但听起来总像“酒酿王”，其实喊他酒酿王倒也不虚不谬。至少在古庙镇上，还没有谁做酒酿能做得过黄阿二的。

黄阿二做酒酿，不用大钵头，而是用小钵头。据说小钵头酒酿比大钵头酒酿难做，因此做酒酿小生意的，都习惯用大钵头，不敢轻易改用小钵头，单凭这一点，黄阿二就区别其他做酒酿买卖的。

古庙镇人只要一听那吆喝就知道是“酒酿王”的酒酿来了。别人喊“酒酿——卖酒酿来——”，他喊“酒酿——小钵头甜酒酿来哉——”酒酿王的嗓音很浑厚，有一种穿透力，能穿过门墙，撞入人们的耳膜。一年四季，春夏秋冬，都能听到酒酿王的吆喝，他那极有韵味的吆喝可以说已成了古庙镇的一种文化风景，或者说是一种民俗。

古庙镇的人偏好吃酒酿有些年历史了，来了客，端碗酒酿小圆子，乃待客的一种，既不破费多少，也还上得台面。那些老吃客十有八九认准酒酿王的酒酿，据他们说，一上口就能吃出是不是酒酿王做的酒酿。每每这时，黄阿二脸上就浮现出一种满足来，一种得意来。用他的话说，有老吃客的这些评价，比吃人参还补。

酒酿王的酒酿在古庙镇只嫌少，不嫌多，从来只有买不到的日子，没有卖不掉的日子。但黄阿二坚持每天只做三十小钵头，一小钵头也不多做，从无例外。有位老友对他说：“你的酒酿，牌子已做出了，生意这么好，何不多做点？”

“我只一双手。”黄阿二说了这话再不多言。

黄阿二依然那样不多不少每日里做三十小钵头酒酿。他的酒酿总比别家的甜，比别家的香，比别家的酒酿汤多，也不知他是如何酿的。问他有啥诀窍，他搔搔头说：“能有啥诀窍，凭良心做，凭经验做。”其他，他就实在说不出啥了。

黄阿二的酒酿不论斤不论两，论钵头的，一小钵头一买。连钵头买也可，用锅用盆来倒回去也行。他的酒酿从无短斤缺两的。古庙镇的人都说：如今像黄阿二这样信得过的生意人越来越少。

有次，有一公司的总经理来找他定做五十小钵头酒酿，说有批上海客户慕他酒酿王的名，点名要吃他酿的小钵头酒酿。公司准备连钵头买，钱可以预付。

黄阿二说：“可以。但每天只有三十钵头，若要五十钵头只能分两天交货。”

那怎么行。公司总经理表示价钱上可以提高点。

谁知黄阿二说做五十钵头质量上就难保证了，只能一天三十钵头。要就要，不要拉倒，没啥商量的。

经理碰了一鼻头灰，心里一百个想不通，有赚不赚“猪头三”，这黄阿二死脑子一个。

黄阿二已六十出头了，他坚持从年初一做到年三十，一天也不歇，但一钵头也不肯多做，似乎多做了一钵头就会坏了质量，坏了名声。

听惯了黄阿二的吆喝，几回不听见，就有人问：“酒酿王这两天怎么没来？”往往这话还在耳边，那“酒酿——小钵头甜酒酿来哉——”的吆喝声就传来了。

最近，连着好几日未听到酒酿王的吆喝声了，仿佛生活中缺了什么。一打听，原来黄阿二病了。大家怪想念黄阿二的，几个老友结伴前去看望他，进了门，大伙儿一起吆喝了一声：“酒酿——小钵头甜酒酿来哉——”

黄阿二听后浑身一震，他撑起身来说：“你们这一声吆喝，对我来说，比吃啥药都强，这不，毛病好了一半。”

美文赏析

酒酿王不仅酒酿做得好，而且做人敬业较真，绝不为了利益，砸了自己招牌，毁了自己名声。文中通过写酒酿王做酒酿用小钵，一钵也不多做的事例，突出他技艺的高超和对自己做酒酿的质量的高要求，通过写他不被金钱收买，不多做酒酿的事例，表现他作为匠人的道德自律。本文语言符合人物特色，干净利落。

留下麦穗给过路的人

鲁先圣

在以色列，至今有一条不成文的习惯：割麦子的时候，一定要留下四角的几片麦子不收割，摘葡萄的时候一定要剩下边缘的葡萄不摘取，自家庄园的门口一定要放上一些干粮。他们这样说：谁都有处于困境的时候，谁都有走投无路的时候，谁都有需要帮助的时候。

法国社会有一个由志愿者兴起的活动，叫露宿街头周。他们动员安居乐业的人们，每年都在那一周到街头去露宿，以体会无家可归、长年露宿街头者的窘迫和艰难，以激发时代的爱心情怀。在政府的管理部门因为奉命整饬市容市貌而将露宿街头者赶走的时候，他们作为社会的另一些成员主动送上关切，以体现人类社会的心灵尚有温暖的一角。

黑格尔在《生命的哲学》里讲述了这样一个故事：一个被执行死刑的青年囚犯，在被押赴刑场的时刻，围观的人群中突然有一个老太太说："看，他那金色的头发多么迷人！"那个即将告别人世的囚犯听到以后回转身来向老太太深深鞠躬，并充满感激地说："如果我的周围平时多一些您这样善良的人，我也许不会有今天。"

俄国作家赫尔岑在自己的回忆录中谈到一个风俗：在寒冷的西伯利亚的乡村，出于对流放者和穷人的关怀，居民夜间在大门口或者窗台上放一个筐子，里面放一些面包、牛奶或饮料"格瓦斯"，如果有流放者夜间逃走路过这里，或者穷人走投无路，饥寒交迫，又不敢敲门进屋，就可以随手取食，以渡难关。

印度的甘地有一次上火车时，一只鞋被车门挤到车外，他立即把另外一只鞋也抛下去，人们很是奇怪，问他为什么要这样做，他说："如果一个穷人正好从铁路旁边经过，他就可以捡到一双鞋子，这或许对他很有用。"

在我们西藏的拉萨，每年过年也都有一项必不可少的内容，就是到街头布施穷人。穷人成排地站着，众多布施者拿着零钱一路分过去。有的布施者专挑看着顺眼的求乞者分，而那些自己看着不喜欢的人，就被他跳过去了。这个时候，就会有人告诫不能这样有所遗漏，这样做会使那些落空的求乞者受到伤害。唯有依顺布施，布施完了就结束，才是对的，才不失布施的意义。

还有一个动人的故事是这样的，有一个心灰意冷的青年人，因为遭受了巨大的挫折，决定自杀。在临死之前，他努力回忆自己二十多年的人生经历，希望能够找到一个让自己活下来的理由。他想了很久，终于，他想到自己读小学时的一件事情。那是一节美术课，他画了一棵风中的杨树。这时美术老师正好经过他的身后。老师看了他画的杨树之后，感慨地说："多么真实、挺拔、伟岸的一棵杨树！你也许可以成为一个优秀的画家呢！"多年过去了，自己竟然忘记了老师的赞美和期待，竟然也忘记了继续画画，毕业以后再也没有去拜访过那位可敬的老师。他决定活下来，报答老师的关怀和希望，成为一个画家。青年人把烦恼和痛苦放在一边，重新燃起生活的希望，去拜访了自己当年的美术老师，重新拜师学画，几年以后，他果然成为远近闻名的山水画家。

英国作家狄更斯曾经这样描述生命的意义：如果我能够弥补一颗破碎的心灵，我便不是徒然地活着。如果我能够减轻一个生命的痛苦，抚慰一个生命的创伤，或者让一只离巢的小鸟回到巢里，我就不是徒然地活着。

是的，我们每一个人，都应该具有这样的人生信念：我们不能让自己徒然地活着！

美文赏析

怎样才算不是徒然地活着？文章给了我们答案：给人提供果腹的食物，给人提供遮挡严寒的衣物，给人减轻痛苦、抚慰创伤，给人生的希望……当我们送出玫瑰的时候，手心留下了余香。

向灾难下达命令

澜　涛

“诺曼底”号像以往一样，航行在从南安普敦到格西恩岛之间的航线上。海上夜色正浓，薄雾弥漫，乘客们都进入了梦乡。

大约凌晨四点钟，雾越来越浓，天空更加幽暗，连船桅的梢尖都看不清了。突然，沉沉夜雾中冒出一个幽灵般的黑点，没等船员反应过来，一个阴森森的往前翘起的船头，穿破黑暗，在一片浪花中飞驶过来。那是装有螺旋推进器的“玛丽”号大轮船，它笔直地向“诺曼底”号冲过来，“诺曼底”的船身上立刻被撞出了一个大洞，海水汩汩而进，汹涌湍急，势不可当。

这次航行，船上共有二十九名船员、一名服务员、三十一名乘客，其中二十八名是妇女。震荡在刹那间惊醒了船上所有的人。人们来不及穿整齐衣服，奔跑着、尖叫着、哭嚎着涌上甲板。

危难突然而至，轮船火炉被海浪呛得嗞嗞地喘着粗气，而船上没有封舱用的防漏隔墙，救生圈也不够。船长哈尔威站在指挥台上，大声吼喝着：“把救生艇放下去，妇女先走，其他乘客跟上，船员断后，必须把六十人救出去！”实际上，船上共有六十一人，他把自己给忘了。死亡的恐惧太可怕了，失魂落魄的人们疯了般地涌向救生艇，你推我搡，乱得不可开交，救生艇颠簸摇摆起来，维持秩序的大副和三名二副显得束手无策。

突然，船长哈尔威的声音压倒了一切：“洛克机械师在哪里？”“船长叫我吗？”“炉子怎么样了？”“海水淹了。”“火呢？”“灭了。”“机器怎么样？”“停了。”

哈尔威又喊道:“奥克勒福大副！”“到！”“还有多少分钟？”“二十分钟。”

“够了，”哈尔威镇定地指挥起来，“让每个人都到小艇上去，奥克勒福大副，你的手枪在吗？”“在，船长。”“哪个男人敢抢在女人前面，你就开枪打死他。”人们立刻沉静了下来，开始有条不紊地登上救生艇。

“玛丽”号也放下了救生艇，救援工作进行得井然有序，人们尽力加快速度划着小艇在“诺曼底”号和“玛丽”号之间来回穿梭。哈尔威巍然屹立在他的船长岗位上，镇定地指挥着救援工作，向灾难下达着命令。

“快干！”哈尔威又叫道，“把克莱芒救出去！”克莱芒是见习水手，还是个孩子。

船上的第六十个人也终于登上了救生艇，救生艇快速地向“玛丽”号划去，因为“诺曼底”号上还有一个人等待着去营救，但船已经越沉越快了。目送着救生艇渐渐远去，哈尔威船长纹丝不动地站在指挥台上。“诺曼底”号终于在阴惨的薄雾中徐徐沉入大海，一同沉下去的还有哈尔威。

这是发生在 1870 年 3 月 17 日夜晚的一个真实事故，隔着一个多世纪的风云流变，哈尔威向死神下达命令的声音依然响彻在今天的每一个驶过英伦海峡的船员心中。

美文赏析

身为船长，哈尔威没有临难逃跑，而是镇定地指挥着救下了除他之外的所有人。“责任”这个词，在他的身上体现得熠熠生辉，令人敬仰。我们难道不应该学习他的这种精神吗？

美丽无伤

西　风

下班路上。

一只娃娃一样的小狗。

后来再细看，不对。它从院里跑出来，伸着鼻子东嗅西嗅，但神色不是好奇，是一种“希望不会有什么事吧”的安静。它有两排饱满的乳房，是个狗妈妈。

此前邻居就有这样一只小狗，每天到我们家蹭猫粮，比正牌猫主还吃得多。整天上蹿下跳，七蹦八蹦。直到有一天，我起早上班，正是初夏，它在楼前空地和地下室的窝里来回奔跑，尾巴后的毛稀湿稀脏，羊水淋漓——它生了。主人把它产在空地上的宝宝一只只挪到地下室，它就来回跑，跑到地下室，担心地面上还有孩子；跑到地面，又担心地下室的孩子，看得我好累啊。

狗宝宝刚满月的时候，它死掉了。兽医说是缺钙所致，它把营养都哺给了孩子们。也是，这么小的个儿头，奶着五个娃啊——这个世界上，还有缺钙而死的吗？到现在还记得它给小狗喂奶时的模样，躺在那里，任由娃娃们在肚皮上拱来拱去，踩它的脸，蹬它的鼻子。我探头去看，它抬头看我，一种疲惫而警觉的安静。

刹那心疼。

昨天带友人去荣国府参观，小小的院落一进、两进、三四进。20 世纪 80 年代为拍摄电视剧《红楼梦》盖的楼宇，如今演林黛玉的陈晓旭已经西归，当初种的树亦长得郁郁葱葱。还有丛生的绿竹、爬满墙的藤蔓。

斑驳的砖墙被雨淋得一道道黑白的痕，墙下一丛红红白白的花。薄薄的花瓣，伶仃的弱枝，在风中晃啊晃，一点点老给时间。

前日去农村，在人家土墙下开的有那么大一丛月季，怒枝横生，密密缀着艳红的花。想掐回去，舍不得它疼，看它在这里生长，又离不开眼睛。怜香惜玉，原本就是任怎样都觉得不好，不保险，怕它受委屈。

荣国府后园里也有月季，有那么一朵，不是艳红、粉红、淡红、水红，而是艳光四射的桃红。它怎么就那么敢开。

从记忆里捡拾花开片片，如拿一个水瓶盛开在梅花上的雪，此时我家的猫在我身边安睡。下午时光，浅紫色窗帘拉起半面，它仍把一只手抱住眼睛，团成一团，天塌不惊的安详。

属于我的美好时光。

这些时日过得不好，心如滚油泼雪，焦渴灼烫。可是仍旧爱这个世界。我若成了一缕灵魂，灵魂的世界里可以幻化出美轮美奂的景象，可是，景象里没有香味，没有触感。不像这有情尘世，漂亮人间。

狗是花，猫是花，日子是花，生命是花，灵魂是花。一切都当漂亮、安详，散发芬芳。

和一群友人又去野槐林赏槐花。去迟了，槐花已谢，沙上铺了一层花毯，一阵风过，纷纷扬扬，细小的花瓣就那么样花谢花飞飞了满天。一个朋友发现了一枯树根，撺掇我去跟它合影。过后把照片发了来，枯寂的树根和一个尚未老去的人，它也半蹲，我也半蹲。可是放大来看，触目惊心，我的背后是一片尖尖圆圆的坟。

花老在岁月里，风起于沟壑林丛。生命霎时寂灭霎时生。既然决定生在这个粗糙的现世，死也注定在这个尘世桩桩件件地发生。

普鲁斯特在《追忆似水年华》里欣赏山楂花："绿叶之上有几处花冠已在枝头争芳吐艳，而且漫不经心地托出一束雄蕊，像绾住最后一件转瞬即逝的首饰；一根根雄蕊细得好像纠结的蛛网，把整个花冠笼罩在轻丝柔纱之中。我的心追随着，模拟着花冠吐蕊的情状，由于它开得如此漫不经心，我把它想象成一位活泼而心野的白衣少女正眯着细眼在娇媚地摇晃着脑袋。”

又欣赏丁香花：“丁香树像一群年轻的伊斯兰仙女，在这座法国式花园里维护着波斯式精致园林的纯净而明丽的格局，同她们相比，希腊神话里的山林仙女们都不免显得俗气。我真想过去搂住她们柔软的腰肢，把她们的缀满星星般花朵的芳香的头顶捧到我的唇边。”

就是这样。爱花的人，惜花护花把花养，恨花的人，骂花厌花把花伤。实在看厌了这样那样的负面新闻，一个个倒在贪淫毒狠之下的生命，都是那恨花厌花的人造出来的孽债呵。

人说极致好看的情境，叫作无上美丽，又说爱美之心人人皆有。其实，人心哪有那么贪求，无非请求清平世界，美丽无伤。

美文赏析

文章先是列举了种种看似平常，自己却能够领略的美好景象，然后由衷地表达了自己的希望：希望能够世界清平，希望美好的景象不会受到伤害。结构上采用分总的方式，主题是由现象中提炼出来的，引用使得文章更为饱满动人。

不敢喊出的疼

江小鱼

回首往事，很多疼，都不曾喊出来，即使疼得龇牙咧嘴，也强忍着不出声——羞于被人察觉。

八岁那年，独自一人在家。突然嘴馋得厉害，就是想吃好东西，按捺不住的那种想。翻箱倒柜，找到了一瓶罐头。那一刻还胆大得出奇，不管不顾就是想吃，哪怕被娘发现后打得皮开肉绽也在所不惜。

罐头盖拧不开，就想到用娘切菜的刀从上面划开。毕竟是铁皮，可着劲划拉着，终于在罐头盖上划了个“十”字。而后竟鬼使神差，想到用手把划开的“十”字揭开。直接上手，铁皮直接就划破了手指，血流如注。

想到大人们常撕火柴盒上擦火柴头的那里来止血，就找来火柴盒，慌乱之中弄扯了盒子，火柴棒散落一地，依然血流不止，无法贴上。最后还是用墙角的绵绵土撒在伤口上，才慢慢止了血。那天不管干啥，我都藏着受伤的手指头，害怕被娘察觉到。

九岁那年，哥哥跟我偷了娘准备过年才摆出来让客人吃的核桃。拿到核桃后，他一拳头锤下去，核桃破了，哥哥满脸得意简直是肆无忌惮。哼，有啥了不起的，我也会。攥起拳头，犹豫了几下，再看着哥哥嘲讽的目光，眼一闭心一横，捶了下去。结果硌破了手，核桃依然是核桃，完整的核桃。

钻心的疼，却没有蹦着跳着大喊大叫，很有经验地给自己破了的地方撒了些绵绵土，等着结痂。洗手时特别小心，唯恐沾了水感染。

十岁那年的暑假，跟哥哥翻墙进果园偷生产队的苹果。我说行了行了，可哥哥就是贪婪，非要把袋子装满不可。结果袋子没有装满就被看园子的老头发现了。我们爬树，溜到墙上，顾不得找离地近的地方，直接跳了下来。我付出了惨痛的代价：崴了脚。

一跛一跛地挪回家，偷偷爬上炕，疼痛钻心也得忍着。还记得那天娘让我陪她去姑姑家。搁在往常，我是欢呼雀跃的：姑姑家后院有棵梨树，酥梨，甜得满嘴流汁。可那天，我说我不去，肚子疼。娘马上紧张得问要不要去卫生所看看。我又故作轻松说，睡睡就好了，不厉害，没事的。

还是十岁那年，跟同学追着撵着打着闹着，结果绊了一跤，蹊跷的是磕了牙——牙齿活络了。疼得不能吃饭，还不能给大人说，更害怕那牙掉了再长不上来该多难看。我才不要镶大金牙呢——电影里的坏蛋都镶着大金牙。

好在有惊无险，后来那牙也不活络了，又坚固起来。

…………

回首往昔，一直因为贪心而受到不同的疼，却都清醒地知道自己不能喊，更不能让人知道，只能默默忍受：源于见不得人的自私自利，哪有脸面让人知晓?

而今，到处都是因为私欲没有满足的喊疼声，喊疼者理直气壮毫无羞愧，似乎上至天下到地都辜负了他。

现在的人啊，莫非都不及小孩子明白事理?

美文赏析

划破了手指，硌破了手，崴了脚，磕活络了牙……疼，“我”却都不敢喊出。不敢喊出是“我”深知不能喊出，不能喊出是因为自觉理亏。一个小孩子，尚且能对自己的行为做出是与非的鉴定，知道承受错误决定带来的后果，而现在的大人呢?

那年的腊八节

杨立英

腊八这天，母亲起得特别早，颠着小脚淘米、洗枣、加水、添柴……小心翼翼，一脸虔诚，仿佛在做一件天大的事情。

为迎接这一天，母亲足足准备了半年。

那年早春，我的右腿毫无征兆地长出一个大包，又疼又痒，继而不能行走。父亲把我装进柳条篓子，带着我四处求医，公社、县城、地区医院，医生摇头对父亲说："这孩子的腿，怕是难以保住。"

父亲当然明白，难以保住就是截肢，以后只能像单脚站立睡觉的丹顶鹤，一条腿永久地收起来，所有的重量全部靠单腿支撑。

母亲不甘心这种结局，她说我闺女还不到六岁，嫩芽芽一样，老天爷不会这么残忍的。她用自己原始的认识，为我祈祷跪拜许诺："只要俺闺女病能好，腊八节那天，我用上好的米枣施粥，答谢乡邻。"当老师的父亲则找亲戚托朋友，买来当时最紧张的青霉素和链霉素。

或许是药物的神奇作用，也或许是被母亲的爱女之切感动，在麦香四溢时，我腿上又大又深的疮口竟奇迹般地好了起来。

母亲开始忙碌起来，先是在我家几分薄地上固执地种上黍米，分苗除草施肥，像照看自己心爱的孩子一样，丝毫不敢马虎。

在别家的地瓜秧苗爬得热热闹闹，玉米的胡须黄黄嫩嫩时，只有我家地里的黍米苗，在风中独自摇曳。

这些绿油油的米苗，寄托着母亲的真诚和夙愿。快到收割时，老天却似乎与她开了一个残忍的玩笑，一场冰雹，把她的这一夙愿砸得七零八落。

日子，在母亲阴雨密布的情绪里度过。进入腊月后，她脸上的阴云如黑乎乎的墨汁，越集越密。藏在屋里间柜子下面的小瓮子被她拖出来，又放回去，反反复复，一遍一遍。最后似乎下了很大决心，她把小瓮子里的麦子全部倒出，装进袋子里，对父亲说："去换成黍米吧！"

父亲低声说："快过年了，孩子们盼了一年，还是先让孩子们吃顿饺子吧！"

"说出去的话，泼出去的水，做人哪能说话不算数？闺女的病好了，我就不能食言。"母亲的声音不容更改。

父亲未能阻挡住母亲，任她东借西凑换回黍米，买来红枣。腊八那天，香喷喷的米枣粥装进水桶，长长一溜，摆在老杨家的院子里，招待着乡亲们。

"来，舀上，多喝些啊！"母亲欢快地招呼着，一勺勺，一碗碗，那一刻，送出去的仿佛不再是粥，而是一颗散发着虔诚和守信的心。

那年过年，我家没有包饺子，也没人添置一件新衣服。日子虽苦，却并不晦暗，因为母亲，把我们的心擦得亮亮堂堂的。

美文赏析

因为母爱，母亲许下诺言；因为兑现诺言，母亲愿意倾尽所能，也绝不食言。她狠心割舍孩子们盼了一年的饺子和新衣服，用实际行动教会子女，做人必须遵守的诚实和守信。

冬　心

默　默

我大概是从十三岁开始练字的。

也没有现在的碳素笔，就是那种带金属的钢笔头，有一个橡胶管做的肚子，头冲下插到墨水瓶里吸墨水，吸饱了在纸上写字。黑的蓝的红的墨水都有，还有一种最常用的，叫蓝黑墨水。

——六七十年代的人没有道理不记得，一个玻璃的扁瓶子，贴着白底深蓝字的商标纸，上面写着“蓝黑墨水”。

我写钢笔字的启蒙老师很没有名气，就是我们学校的一个代课老师，教英语，十八岁。有小虎牙，喜欢穿球衣，打篮球。他的裤子外侧有一段裤线开了，他就用订书机给钉了一排订书钉上去。

现在想想就是一个平常的男孩子，当时怎么就那么待见他！

那个时代没有现在的打印机，老师用钢做的笔在涂满了特殊药水的纸上面写字，蓝底白字，然后把这纸贴到一个滚子上面，再蘸上油墨往一张白纸上从上到下或者从下到上，那么一推——一张复习纸或是试卷纸就出来了。

就是在这个时期，我拿到油印的英语复习题，回到家，摆上小炕桌，从书包里掏出来，第一件事，不是做题——做题是太简单的事，自从他开始教我们英语，我初一就把初三的都学完了！所以，就是拿一张白纸覆盖在试卷纸上面，一笔一画，把他的字临摹下来。他的字有点偏向左斜，右钩的弯角又有些向左斜得厉害，有点像春天里，风一吹，下斜雨。

我就是这么开始了练字。

因为对人有了偏爱，所以对他的字也有了偏爱。就是觉得他的字这样美，和他的人一样帅。

所以说，什么叫好字，虽然现在的很多书法家都有大名气，要是我见之心不喜，也不叫好字。字也要讲缘分，就像每当张大千生日，台静农先生总画一小幅梅花送他，张大千很高兴，说："你的梅花好啊。"最后的一次生日，台先生画了一幅繁枝，求简不得，多打了圈圈，张大千竟说："这是冬心啊。"

这就叫偏爱。

人的心脏本来就偏在左心室，有偏爱是极其正常的事。

自然，有了偏爱，就会有偏憎，偏厌。估计苏东坡和王安石就是偏厌，法海和白素贞也是偏厌，所以苏东坡被拗相公王安石整得很惨，法海又把美女蛇整得很惨。

一个朋友就讲，有一个人，他就是左看右看不顺眼。我也有此种体验，读大学的时候，有一个同学，他做什么我都不喜欢，说什么我都觉得不可爱。当时不晓得什么原理，现在也不明白。不过现在年龄大起来，这种偏厌就消解了，觉得他做什么也还好，都在可接受的范围之内。

年少时偏爱会爱得激烈，偏厌偏憎也会厌憎得激烈，及至年长，也不是没有偏厌偏憎的人，恨不得推他们落井，可是也说到底没有推下井去。

说到底，做人只求心安，做事只求公允，不讲诛心，讲诛心则人人可得而诛之。

美文赏析

作者通过详述自己的经历，说明人都是有偏爱的，然后又讲了自己的偏厌的经历。最终得出的结论并不是放纵自己的偏爱和偏厌偏憎，而是要做人心安，做事公允。这样的三观才正。我们也要秉持这样的做人理念。文章论据令人信服，语言通畅。

用思想网大鱼，用微笑网小鱼

刘琉璃

我家客厅壁上张着一大幅字，明代杨慎的《临江仙》，也是《三国演义》的开篇词：

滚滚长江东逝水，浪花淘尽英雄。是非成败转头空。青山依旧在，几度夕阳红。

白发渔樵江渚上，惯看秋月春风。一壶浊酒喜相逢。古今多少事，都付笑谈中。

无事相看，恍觉白浪滚滚，排天而来，却又瞬间无声无息地消失，有一种彩色电影迅速变成黑白默片的波谲云诡。

那样壮怀激烈的争战，那样烟炎张天的赤壁，那样瞬间万变的时局，那样壮志未酬身先死的无奈，那样多的英雄和枭雄，到最后都消失在滚滚烟尘里，而这一场演给天地间的巨大的电影，似乎只有两个观众：一个是渔夫，一个是樵子。

我不羡慕功业千秋，名垂百代的家伙们，我羡慕笑谈的这两个人；我更羡慕这里的渔夫——我喜欢中国古代文化中渔夫的这种角色设定：无论在诗、词、小说、散文还是传说里，渔夫的出现永远那么带着烟火气，又永远带着和世事疏离的清淡潇洒气味，例如“孤舟蓑笠翁，独钓寒江雪”，例如“一帆一桨一渔舟，一个渔翁一钓钩。一俯一仰一场笑，一江明月一江秋”，例如“叶艇悠扬鹤发垂，生涯空托一纶丝。是非不向眼前起，寒暑任从波上移”，例如“青箬笠，绿蓑衣，斜风细雨不须归”。

原来渔夫是这样一种生物：他们钓鱼，也钓雪，煮鱼，也煮月，一边数着铜板过日子，一边透过铜板上方方的眼睛看透千年如水顺流而下的岁月，于是秋潭垂钓去，夜月叩船归，“世人那得识深意，此翁取达非取鱼”。

这样的人风里来浪里去，修炼出一身透过假象看本质的本事，将一种名为“去蔽”的精神贯彻得彻彻底底。苏格拉底有这样的本事，所以他会在熙熙攘攘的集市上哀叹：“这里有多少东西是我用不着的。”而如我一样的凡夫俗子则忙着盘算：这个可以搬回家去，那个也可以搬回家去。

世界越是繁华，人心越不易“去蔽”，却又最需要“去蔽”，否则会迷惘、焦虑，心被关在小黑屋里独自哭泣，哭“得不到”，哭“已失去”，哭“枉费了人生”，哭“弄丢了自己”。

“去蔽”要有强健清明的思想打底，才能不随波逐流、人云亦云，然后才知道哪些是自己不该做的，于是不去争着做；哪些是自己不该争的，于是不去争；哪些是不该迎合的，于是不去迎合；哪些是黑的，于是不强说白，见骆驼偏说马肿背。说坏人性命的话，做坏人性命的事，放坏人性命的冷箭，看似损了别人，实则损了自己，伤了生机。

有了思想也就有了对生活的自足与自信，所以才会一边心里盘算油盐柴米，一边低头看花、抬头看月、微笑上脸，如同水里养鱼，怒则真怒，笑则真笑，喜则真喜，悲则真悲，人性的广田开出真花真朵，哪一朵都有倾城色。

这样的人活在人世好比渔夫驾舟而行，整个生命都如万顷波涛上铺陈开的点点日光。你看他用思想网大鱼，用微笑网小鱼，大鱼小鱼在网里活蹦乱跳，五彩鳞片如同朵朵花开。

“沧浪之水清兮，可以濯吾缨。沧浪之水浊兮，可以濯吾足。”把握适度的自由，挖掘无尽的快乐，清水浊水皆于“我”不成阻滞，“我”才是天地间最大的主人，美哉，渔夫。

美文赏析

本文以诗词开篇，讲求生命的“去蔽”，因为只有“去蔽”，才能够活得清明，活得智慧。作者把鱼当作生命的收获，用思想网来的是人生智慧，用微笑网来的是人生乐趣。观点新鲜，引用恰切，语言流畅优美。

善良是可以传递的

朱迎兵

2004年10月6日夜里，加来道雄博士像往常一样，做完最后一个实验，记录下实验结果后，准备回家休息了。他是美籍日裔人，世界著名的科学家，纽约城市大学研究生中心的理论物理学教授。他的家就在离实验室不远的小区，只需穿过一条街道，行程不足十分钟。

加来道雄走到街道上，此刻已是凌晨两点，街道上没有了行人，路灯寂寞地亮着，异常安静。他忽然觉得胸口剧烈疼痛起来，“糟糕，今天忘记吃药，冠心病发作了！”这个念头一闪而过，他想取出口袋里的药片，可手脚已不听使唤，他痛苦地倒下，看到死亡张开血盆大口，要将他吞噬。

就在加来道雄即将失去意识的时候，一个年轻人出现在他的身旁，盯着他，目光里流露出同情与关切。加来道雄感觉有救，艰难地对年轻人比画着，指着自己上衣的口袋，那里有急救的药品。年轻人明白了他所表示的意思，掏出了药瓶，倒出药片给他服下。

加来道雄服下药片后，虽没有性命之忧，但是浑身乏力，呼吸不畅，需到医院治疗。他请年轻人给他拨打了医院的电话，不一会儿救护车风驰电掣般地驶来。年轻人转身欲走，医生却阻止了他，要他和加来道雄一起去医院，说明情况，以便确诊。年轻人犹豫片刻后，登上了救护车。

经过治疗，加来道雄转危为安，出院后，他寻找那个年轻人，值班医生告诉他，年轻人是个通缉犯，到医院不久后暴露了身份，被警察局带走了。

加来道雄到警察局了解了情况，原来那个年轻人是纽约大学的一名学生，因为家境困窘，没有生活费，便和一个同伙拦路抢劫，造成了被抢劫人受伤。那天晚上，他为了逃避追捕，准备趁着夜间逃跑，不想遇到了加来道雄病发。

加来道雄感慨万千，年轻人在危难关头，能舍身救助自己，说明他是个良知未泯的人，这样的人应该得到自己的帮助。

为了减轻年轻人的罪责，他出钱给那受伤的被抢劫人治疗，在受害人安然无恙后，他又联系了《纽约时报》的记者，将年轻人的事迹在报纸上报道。报道引起了很大的反响，很多市民要求从轻判处年轻人，曼哈顿法院因此只判处了年轻人两年监禁。

加来道雄又给他交了保释金，让年轻人继续到学校完成学业，对他的生活给予资助。

年轻人学的恰是物理学，他不负加来道雄的厚望，刻苦学习，在加来道雄的指导下，几年后取得了博士学位，考入加来道雄的研究室，成为加来道雄的学生。他就是加来道雄的得意门生威廉·杰斐逊，如今也是享誉世界的理论物理学家。

善良是可以传递的，威廉因一点善念，救了一个陌生的老人，老人又用自己的善良改写了他的命运。在这喧嚣的尘世里，这些星星点点的善良就像穿透阴霾的阳光，给人希望，给人温暖。

美文赏析

本文通过一个青年因为自己所做的一件善事而改变命运的故事，说明只要肯回头，总会有机会。人偶然走错路不可怕，千万不要忘记干净、善良的初心。

凡间行路

瘦尽灯花

符凡迪是一个我不认识的人。

我只是偶然看过他的一个视频，参加一个电视台举办的唱歌选秀大赛。

他吸引我的是他的职业，大屏幕上打出来的是“拾荒者”。

个儿不高，很长的头发，披在肩上。很收缩的站姿，两只手捧住话筒，双肩前拢。

1992 年从老家出来到深圳打工，同学给了他五十块钱，坐大巴就花了三十五块。结果这里用工只招本地人；偶尔有招外地人的，又需要交押金。他从此走上拾荒之路，偶尔做做清洁工、洗碗工。

他甚至不知道自己的年龄。父亲在他一岁多时去世，母亲没告诉过他哪年哪月生。本地户籍警说年满十八岁才可以打工，我给你填满十八岁吧。所以，他现在是“四十多岁”，少不少，多不多，不确定。

他是爱唱歌的，到酒吧应试过歌手也通过了，可是没有好的衣裳。

也有人给他介绍过对象，他很中意人家姑娘，可是他的条件又是这样。

所以，现在的他，就是一个四十多岁的，不名一文的，没有房、没有车、没有家、没有妻、没有子、没五险一金、没有救济，什么都没有的，老光棍。

可是他唱《朋友别哭》：“有没有一扇窗，能让你不绝望。看一看花花世界，原来像梦一场……朋友别哭，我依然是你心灵的归宿；朋友别哭，要相信自己的路。红尘中有太多茫然痴心的追逐，你的苦我也有感触。”

他还在安慰别人。

唱歌的时候，看着很远的地方，眼睛里没有热烈的神采，没有志在必得、胜在必得的欲望。就只是很安静地在唱。

无声无息，穿透人心。

观众起立，鼓掌，评委热泪盈眶。他说："谢谢，谢谢，谢谢，我做梦也想不到会登上这么……好的舞台。"这个"好"字，他有点迟疑，后来加重了语气，在他的世界里，这就是天堂。这样的声光电舞，这样的五色琉璃，让他梦寐以求而又求之不得。真好啊，真好。

所以，谢谢舞台，谢谢观众，谢谢主持，谢谢评委。

他一直在感恩，心里没有怨恨。

他没有说我怎么会有这样的父母，怎么生在这样贫穷的家庭；也没有说我怎么会落到这样的境地。

评委问他："据说你还在帮助一个人的母亲，是吗？"

他没有详述事件原委，只是迫不及待表达愿望，说，一直以来，我的心里就有一个梦想，想要帮助更多的人。

这样的人，会因为自觉受到错待而杀人吗？会因为食不饱衣不暖而报复社会吗？会因为出无车食无鱼怨恨人群吗？会因为无妻无子身边无人老来无靠自杀吗？

他没事的时候会看书，听音乐，唱歌。他甚至在书店里靠看图片上的口腔发音自学了英语。他说了一句英语，发音很标准，意思是："你没有办法改变你的过去，但是，你可以改变你的未来。"

我觉得他不是"人"。

那些自己宁可挨饿也要喂养流浪猫狗的人也不是"人"。明明自己衣食无着，却还要给路边乞丐一枚硬币的也不是"人"。祈祷上天赐福天下所有受冻的人住高房暖屋，"吾庐独破受冻死亦足"的杜甫也不是"人"。

那个美女评委说："谢谢你，我本来已经对这个舞台习以为常，是你让我找到了对这个舞台、这个世界的敬畏之心。"

是的，该说谢谢的是我们。因为我们知道感恩，却不感恩；知道敬畏，却无敬畏；知道顺从，却不肯顺从。我们不肯不抱怨，不肯不嚷骂，不肯不愤怒，不肯不钻营。

可是，哪怕常年心里雾霾深重，也瞥见了一线天空，青色的苍穹上镶着一双宁定、安慰的眼神。

只要你肯看，便能看见。只要你愿走，凡间行路，如同他们。

美文赏析

文中的符凡迪是一个非常非常渺小的人，但是，他的胸怀却阔大博爱，非常了不起。社会需要这样的人，这样的人多起来，才会人间洒满爱。作者的笔触饱含感情，读之令人心生感动。

第二辑

走自己的路，让西瓜去说吧

说到底，是西瓜的心机好，还是南瓜的本色好？是西瓜的尊荣好，还是南瓜的平凡好？是西瓜的华丽好，还是南瓜的纯朴好？是西瓜的巧舌如簧好，还是南瓜的闷声发大财好？是西瓜整天被人吹吹拍拍好，还是南瓜的悄悄过自己的小光景好？狗有狗踪，猫有猫道，各有各好。这个世界多元化，虽然西瓜永远也做不成南瓜，南瓜这辈子也变不成西瓜，可是，只要人生乐趣所在，想做西瓜的，就做西瓜好。想做南瓜的，就做南瓜好。

老族长的选择

朱迎兵

罗托鲁阿位于新西兰北岛中部火山湖畔，森林密布，湖光潋滟，山色迷离，游禽戏水，鸥鸟翔集，空气中弥漫硫黄的香气，热泉灰黄泥浆随处可见。这里是毛利人聚集地，来自远古的毛利文化神秘多姿。观光游客终年不绝。

罗托鲁阿分布着十几个村落，奥克兰是其中之一。村里的族长业已年迈，要从村民中选出一人接班。村里有两个年轻人呼声最高，分别是艾米和洛克，两人都威武英俊，才智双全。

这天，一群欧洲游客到村里观光，他们被村里古时的草舍、岩洞、树屋、树穴、树梢、弯弓、石器、大刀、长矛……震撼了，流连其间，直到夕阳西下，才想起要回城里。艾米遵照老族长的安排，小心翼翼地送那些游客返回。

村里与外界相连的是一座小桥。小桥年岁已久，为保持远古气息，一直保持着原貌，人走上去，摇摇晃晃，很是惊险。

游客中，有个胖乎乎的男人，自恃胆大，走到桥心时，他扭着身子，使劲地摇晃，桥剧烈动荡起来，游客们都脚步踉跄，很多女游客发出了尖叫。

那男人见此情景，越发得意，晃得更起劲了。只听到维系桥身的缆绳吱吱响着，忽然轰然一声，桥倾塌下来，桥上的数十人都跌落到水中。

有些会游泳的，扑通扑通地游向岸边，不会游泳的发出了呼救，情况万分危急。艾米也落入水中，他临危不乱，一边自己抢救落水的游客，一边请那些水性好的帮忙救人，还让上岸的游客去岛上喊人来施救。经过一番劳碌，游客都被救起，没有人出意外。

老族长匆匆赶来，看到众人无恙，松了口气。

经过这次事件，村民们都认为，在危急时刻，艾米勇敢无畏，组织有方，这次新族长非他莫属了。艾米心里也这样想。

几个月后，老族长卸任，可他推荐的新族长却是洛克。面对艾米的委屈和众人的不解，老族长说道："上次游客遇险，艾米的确表现良好。洛克甚至没有出现在救人的队伍里。可他为什么却当选了呢？关于桥需要修缮的事，洛克在今年就向我提了三四次。他经过勘察，认为桥到了非修不可的时候了。可每次都被我否定了，我怕因为修桥，影响了游客来观光。就在事发的前一天，洛克又向我提出修桥，我仍没有同意，我们因此吵了一架，他愤而离开村子。"

艾米打断了老族长的话："他这样不听调遣，独断专行，能做好族长吗？"

老族长笑着说："他不听话，是因为有自己的主张，而那主张恰恰是正确的。试想，假如我当时听他的，就不会有此危险，你说，这样会不会更好？"

村民们都明白了，老族长看中的是洛克对事情的预判能力以及对岛上事务的责任心，而不是艾米在遇到事情后表现出的勇敢。

是啊，对事情高强的预判力，看起来平平淡淡，还有些无事生非，让人生厌，但是可以避免很多的损失，这比那些出了问题再去冲锋陷阵的英勇之举更为可贵。

美文赏析

用人是一门艺术。是选用能够事先排除危难的人，还是选用临阵冲锋在前、指挥得当的人？这一向是公说公有理，婆说婆有理。本文赞成选用能够未雨绸缪的人。的确，这样的人更具备远见卓识和独立自主的意志。

揭开“碰瓷”的真相

朱迎兵

徐晓娟二十四岁，刚参加工作不久，是安徽省巢湖市烔炀镇大高村小学的一名教师。

一天中午，徐晓娟骑着电动车在乡间公路上行驶。路上行人寥寥，快到大高村时，忽然一个白发老太太跑到马路中间，径直向徐晓娟的电动车撞来。徐晓娟连忙刹车，但车还是碰到了老人。老人一下子重重摔倒在地上，痛苦地呻吟着。

徐晓娟赶紧将车停稳，慌忙去搀扶老人，可是老人就是不肯起来，说自己受伤不能动弹了。徐晓娟不知所措，心中暗暗叫苦，知道是遇到碰瓷的了。

就在这时，一辆黑色的轿车从村口驶来，在老人的身前慢慢停下。见到老人不起来，车里中年男女打开车门走出来。徐晓娟像是抓到了救命稻草，连忙跑过去，一把握住了中年妇女的手，语无伦次地诉说着事情的经过。

中年妇女听得很不耐烦，推开徐晓娟，径直来到躺在地上的老人面前：“大妈，我们有急事，你可不可以移一下，让我们的车先开过去？”

老人却不肯，还是在地上“哎哟哎哟”叫个不停。一会儿，几辆私家车陆续开过来，将狭窄的乡间小路堵得水泄不通。中年妇女有点急了，大声指责老人，说她明显是碰瓷的。

其他司机也赶了过来，弄清真相后，都指责老人。徐晓娟有些于心不忍了，毕竟是她撞倒了老人，便一边劝阻众人，一边恳求老人去医院，承诺可以负担医药费。

老人对此无动于衷，竟要徐晓娟拿一万元赔偿费。徐晓娟脸气得通红，掏出手机开始报警。中年妇女急忙过来阻拦，称报警太麻烦，建议徐晓娟趁乱离开。徐晓娟不愿那样做，大家一时间僵持住了。

中年男子气急败坏地走过来，二话不说就要把老人往路边扯，中年妇女也上来帮忙。老人却抱住妇女的腿，拼死挣扎不愿挪动。有人看不惯，过来指责中年男子太野蛮，现场一片混乱。徐晓娟趁机报了警。

十分钟左右，一辆警车风驰电掣赶来。轿车司机和中年妇女面色惊慌，对视一眼，向人群外溜去。

这时，老人对警察和身边的人大声叫道："快抓住他们，他们是坏人啊！千万不要让他们跑了。"

听了这话，大家似乎明白了什么，积极协助警察，很快便把那对中年男女抓住了。

此时，地上的老人也站了起来，一瘸一拐来到轿车旁，打开后门，从里面抱出来一个昏睡着的小男孩，愤怒地对中年妇女道："你们丧尽天良，不怕天打雷劈吗？"

原来，老人中午在村里散步，偶然看到那对中年男女在哄一个独自玩耍的男孩，然后用药迷倒了他，将他抱上了车。老人明白是遇到人贩子了，但村里劳动力都出去打工了，她势单力孤，怕打草惊蛇，无力对抗。那时，正好看到徐晓娟骑车过来，于是灵机一动，故意撞了上去，堵住了道路。

大家听罢，恍然大悟，都鼓起掌来。这时小男孩醒了，看着眼前兴奋的人群，茫然间不知发生了什么。

徐晓娟这时仔细去看那孩子，正是自己所教的一年级学生，急忙上去把他紧抱在怀中。

这时，老人"哎呀"一声坐倒在地，露出痛苦的神色。老人挽起裤腿查看，小腿肚上有一片瘀青。徐晓娟见状一脸惭愧。

老人对着徐晓娟笑了："姑娘，吓到你了。我不是碰瓷的，你别担心。"

徐晓娟哽咽道："大妈，您是好人。"

徐晓娟拉着小男孩，对着老人深深地鞠了一躬。周围顿时响起热烈的掌声。

美文赏析

虽然说“耳听为虚，眼见为实”，但是有些时候，事情并不是你看见的那样。文章赞美了一个以“碰瓷”之名行救人之实的老人，通过这件事告诉我们要长一双慧眼，才能看出事情的本质和真相。

走自己的路，让西瓜去说吧

西　风

我喜欢南瓜。

北瓜笨，疙疙瘩瘩，木头脑瓜。一逢到我笨手笨脚做笨事，我先生就会叫我："你这个北瓜！"冬瓜憨，缺心眼儿，喜欢跟人屁股后头瞎起哄，指哪儿打哪儿。电影里那些个心眼儿不全的矮胖子，大多被起名"矮冬瓜"。如果北瓜和冬瓜这两个活宝需要一个首脑，那不用说，一定是伟大的西瓜。

西瓜阴险。本杰明·富兰克林有句名言"唯人与瓜难知"，我估计说的就是它。慈眉善目，大腹便便，一副德高望重的老太爷模样。结果却黑籽白籽不知道，红瓤白瓤不晓得，就跟某些人似的，比如王莽。这位仁兄刚开始还不是礼贤下士，貌似忠良。直到谋朝篡位，把刘秀赶得乱窜，才露出他的黑心黑肺黑肝肠。所以说，有些人是要剖开之后，才能露出真相的。若不剖开，任由你亲亲热热，拍拍打打，当个知己抱回家，也照样给当让你上。

南瓜不笨也不傻，却既不爱出头，也不爱当家——还是个傻。这样的瓜一般情况下都不知道怎么经营自己，比如搞些宣传，来些炒作，顺便当一当随便什么品牌的形象大使，屁股后头跟一团粉丝；谈几回恋爱，写几本出卖隐私的书，名也有，利也有。它最大的乐趣就是蹲坐在花儿上，百事不管，和蝴蝶蜜蜂做伴，默默生长。

人的世界岂非瓜的世界？到处滚动着傻乎乎的北瓜，笨笨的矮冬瓜，不言不语的南瓜和一个一个的大西瓜——会使巧，会要奸，会大玩太极推手。见人说人话，见鬼说鬼话，跟神仙也能坐一起亲亲热热攀亲家。颇像光彩四射的贵妃玉环，又像光溜溜的蛋——满大街走着一个个光溜溜的蛋。它的路是宽的，阳光是亮的，前景是广阔的，一路走一路被夹道欢迎着。南瓜的路就不同了：细的，窄的，荒草横生的，看上去不像有路的。

两个朋友，一个占了西瓜之份，一个被我当成南瓜一般似不存在。西瓜朋友每日里和我呼朋引伴，姐姐长妹妹短，哄着我替她分忧解难。一旦我难关当前，她躲起来不敢露面，恨不能藏到天边；南瓜朋友平时相隔遥远，一年半载也见不着一面，电话也很少打，几无音信。到我父病母老，被做房奴的日子压得喘不过气，原本没想起来要向她求助的，她却风尘仆仆赶到我面前，手里拿着存折，告诉我："尽管用，用多少，支多少，支完拉倒。"

罢了，惭愧。是我这双眼睛认不清黑籽白瓤。其实南瓜它一直存在，就是因为平时不起眼，所以才不怎么招人待见。更可恨的是我这个南瓜朋友走在大街上，连狗都汪汪叫，我"哈"一声把狗吓跑。

我自己也一直梦想当一颗光芒四射的大西瓜，结果事与愿违，发现自己越来越变成一个不起眼的小南瓜。本来在现实世界里就孤寂荒寒，既不爱胡走乱窜，又不爱东聊西聊，既不爱加入社团，又不爱和人拉手拢肩。

直到看见童话书《当世界年纪还小的时候》里的那段话："洋葱、萝卜和西红柿不相信世界上有南瓜这种东西。它们认为那是一种空想。南瓜不说话，默默地生长着。"

我来给它改一改："北瓜、冬瓜、西瓜不相信世界上有南瓜这种东西。它们认为那是一种空想。南瓜不说话，默默地生长着。"

这就对了。各有各的活法。说到底，是西瓜的心机好，还是南瓜的本色好？是西瓜的尊荣好，还是南瓜的平凡好？是西瓜的华丽好，还是南瓜的纯朴好？是西瓜的巧舌如簧好，还是南瓜的闷声发大财好？是西瓜整天被人吹吹拍拍好，还是南瓜的悄悄过自己的小光景好？狗有狗踪，猫有猫道，各有各好。这个世界多元化，虽然西瓜永远也做不成南瓜，南瓜这辈子也变不成西瓜，可是，只要人生乐趣所在，想做西瓜的，就做西瓜好。想做南瓜的，就做南瓜好。

那就这样定了：爱做西瓜的都去做西瓜，我来做个悄悄生长的大南瓜。不是有句名言是这样讲的：走自己的路，让西瓜去说吧。

美文赏析

题目很吸引人，读下去才明白，原来作者把人当成了瓜，也把瓜当成了人，而且把不同的瓜赋予了不同的人性，于是整篇文章都妙趣横生。有趣的同时，又有着鲜明的主题，归纳起来果然是“走自己的路，让西瓜去说吧”，使文章结构画了一个完整的圆。

给心灵安一扇花窗

瘦尽灯花

我的一个朋友是在读大学生，有感于现实的污浊黑暗，谋生的跋涉艰难，放眼望去，不见青天，于是兴起念头，想要出家。暮鼓晨钟，和风虫鸣，清心寡欲，了此一生。

这怎么行。

谁说的一入佛门就能清心？虚云老和尚活到一百二十岁，德高望重，却也摆脱不开俗世的牵绊：

“前几天总务长为了些小事情闹口角，与僧值不和，再三劝他，他才放下。现在又翻腔，又和生产组长闹起来，我也劝不了。昨天说要医病，向我告假，我说，‘你的病不用医，放下就好了。’”

“这几天闹水灾，去年闹水灾也在这几天，今年水灾怕比去年更坏。我放不下，跑出山口看看，只见山下一片汪洋大海，田里青苗比去年损失更多，人民粮食不知如何，我们买粮也成问题。所以要和大家商量节约省吃，从此不吃干饭，只吃稀饭。先收些洋芋掺在粥内吃，好在洋芋是自己种的，不花本钱，拿它顶米渡过难关。我们要得过且过。”

看，这就是现实。

所以我们要考虑的，恐怕不是怎样脱离现实，因为现实是脱离不开的，而是怎样给现实安一扇花窗。

在我的卧室的门和床之间戳着四扇浅柚色的原木屏风，下半截是单面雕牡丹，上半截是镂空的花窗。虽是间隔，却能看得见外面的一动一静，又可以隔绝屋外经过的人的视线，就好比是给现实的世界安了一扇花窗，又有点像小时候房前编就的一溜青篱，上面缠着小黄花，未必能防得住贼，却能明明白白昭告天下：篱外是世界，篱内是我家。

很小的时候我们就被教育要融入社会，融入人群，融入现实；事实上却是全情投入是一件很吃力不讨好的事。现实不总是光明的，一味深入，如泥入滓，只能是白沙在涅，与之俱黑。只有把心放在窗内，隔着窗槅向外看，目光带一点微凉，可以审视，可以剥析，才可以做君子，对窗外的世界有所取有所不取，有所弃有所不弃。

若说花窗外是我们必须承认存在并且必须投身其中的现实，花窗内是我们给自己找的乐趣，比如说有人课余打球，有人工余玩牌，有人写写画画，有人抱着书本蹲到厕所去——所有的人，其实都是在想办法和现实拉开一点距离。

你看《红楼梦》，里面吟诗作对不是现实，霜刀冷剑才是现实；歌舞吹唱不是现实，柴米油盐才是现实；迎元妃回家的盛大豪华不是现实，量地、盖房、给树装假叶子，这些才是现实；小姐们锦衣玉食，无所用心，只是看看花、逗逗鸟、下下棋、作作诗，这也不是现实，宝钗、探春、李纨兴利除宿弊，拿破荷叶和枯草根子卖钱才是现实。但是一旦现实被花窗隔开，花窗内的人因为吟诗作对、看花下棋，就可以过成很快乐的日子。

心里有一扇花窗的人，可以使生命滋润、鲜活、美丽。只是花窗不是铁窗，不是要关住一颗愤世嫉俗的心，更不是要把一个鲜活的人挡在尘外。虽说愤世嫉俗的人因为认真到极点，才不会陷入美人、情欲、名利、金钱……这些东西里去，然后把占有、执着、嫉妒、愤怒、焦虑和恐惧当作全部的人生意义，但是过刚易折，过满易泄，一味进攻或退避，对生命都是惊人的浪费。

朱敦儒作了一首《西江月》：“世事短如春梦，人情薄似秋云。不须计较苦劳心，万事原来有命。幸遇三杯酒好，况逢一枝花新。片时欢笑且相亲，明日阴晴未定。”

朱敦儒就是用花和酒隔开铁板一块的人情和世事，就像我小时候，喜欢一个人趴伏在喧闹的教室里，在逼仄的课桌上一笔一画，认真写字。有时候单单是一横、一竖、一撇、一捺，就能写满两张十六开的大白纸。实际上，这也是一种隔离，铺纸为道，提笔为马，一蹦子撂到海角天涯，溜达一圈回来后，又有勇气面对老师迅猛的催逼和无数作业的喧嚣和繁杂。

所以，不必远离，不必退避，给心灵安一道花窗吧，让它在窗内休养生息。等歇息够了，一个猛子扎下去，从尽头浮出水来，对岸就是自己有花有叶的未来。

美文赏析

遇到困难，人会本能地产生退避心理。但是退避解决不了问题，远离困难，困难也依旧在那里。所以，文章针对这种情况，给大家提出一个思路来：给心灵安一道花窗，花窗外是需要奋斗的人生，花窗内是可以休养心灵的爱好和兴趣。这样一来，累了就可以休息，休息够了就可以继续奋斗。文章观点明晰，语言流畅优美，很有艺术感染力。

你那么拼命并没有打动谁

李　静

两个月前，公司里的同一个职位同时招聘进了两名女实习生，一个本科毕业，英语六级；另一个专科毕业，但专业对口。我负责培训她们，我以为我的工作只是让她们尽快上岗，经理却说这个职位只留下一人，至于是谁，决定权交给我。

我从培训的第一天起就开始留心观察她们。一周后，她们掌握了基本流程，开始进入正式实习。我将工作平均分配给她们，本科女孩桌上散落着一页页的文件，电话总是接不完，好像交到她手里的工作都很棘手。而专科女孩似乎没什么棘手的事，每天都有条不紊地完成着工作。

随着实习结束期的临近，同事们也在猜测最终谁会被留下，大家都看好本科女孩，觉得每天面对那么多的工作，她拼尽全力而且毫无怨言。所以当我留下专科女孩时，除了经理，所有人都用疑惑的目光注视着我，他们不能理解，为什么那么拼命的本科女孩，却没得到这个职位。

只是他们不知道，本科女孩看似拼命地工作，实际上杂乱无章。那天，我看到她正在向电脑系统里录入信息，突然来了一个电话，她赶快去接，可对方说稍后才能给她回复；这让她想起前一天好像还有两件事没落实，又去跟进那些事；结果其中一件因为跟进过晚出了麻烦，她只能先去解决麻烦；半天过去了，这个麻烦没能彻底解决，电脑系统里录入的部分信息也没保存，说稍后回复的那个电话也没打来。她觉得自己已经焦头烂额了，可其实一件事也没完成。

相似的事情降临在专科女孩的身上时，她首先拿出记事本，及时跟进前一天没有落实的事情。然后录入信息时同样接到了电话，内容不是很紧急，她随手记录了下来，等信息录入完毕，她马上处理电话的事情。那时前一晚的事情已经得到解决，她再看记事本只剩刚打过的电话没有回复，她马上追了一个电话。同样的工作量，她只用了不到一半的时间。经理本来也是倾向于本科女孩的，也曾被她的拼命打动，可那样的工作效率也只能让他忍痛割爱。

培训的经历让我想起了表妹。那年她上高二，有一天我去图书馆还书，看到她坐在阳光暖煦的窗边，面前摆放着厚厚一堆书。就那样面对面坐着看书，我发现一个下午过去了，表妹面前的书几乎没动，而她的视线一直没有离开平板电脑。准备离开时，她把书匆匆翻了几眼，又都放了回去。转眼已经到了高三下学期，小姨给我打电话，说表妹上了高中后比初中时更拼命，可成绩却一直不理想，问我当年高考有什么秘诀。

我去了小姨家，想和表妹聊聊，没想到我竟然没找到可以见缝插针的时间。她始终埋首书堆中，先是背了一段英语，发现有几个单词很陌生，怎么也背不下来，索性扔到了一边；又拿出数学试卷，刚开始写就卡在那里怎么也解不出来，于是又放弃；拿起手机进微信朋友圈，点了无数个赞后，才想起还有篇作文没写；对着稿纸发呆良久，连个题目都没想出来就听到小姨喊吃饭。

小姨不停地向表妹碗里夹菜，说她闷在房间里学习了一个下午，一定要好好补补脑。这让我想起了在图书馆的那个下午，看来表妹这种毫无计划的学习方式也不是一天两天了。表妹所谓的拼命，只不过感动了不知情的小姨而已。

美文赏析

无论身处职场，还是在生活中，你那么拼命，到底是为了感动谁？老板，还是父母？其实，拼命做好一件事，不是为了要给谁看，更不是为了打动谁，而是要善于管理自己的时间，提升自己的能力，让自己变得有效率，做事有个好结果。

忧伤的剪刀手

张　鹏

她是我以前的同事，人长得漂亮，又会打扮，且会写诗，会作文，出一本书，又出一本书。虽然才气逼人，平时也并不孤芳自赏，做人颇为周到，没事也和大家说说笑笑。只是她的说和笑如同菩萨脑袋上的神光，不自觉地和人群拉开距离；又像身上罩着一个透明金钟罩，把自己和这个世界不露痕迹地隔开。

后来，她调到一个更好的单位，半年后，又调到一个更好的单位，如同登梯，步步都往高里去。正在大家啧啧艳羡之际，突然就没了她的消息。所有人都在找她，却遍寻不见。有一次逛街，我在一个小礼品店里意外碰上了她。一见之下，大吃一惊，她已经一改往日的美丽与优雅，发乱眼直，在小店里漫无目的地转来转去。叫她，不理，拉她，不觉，问她，她茫然地看着我。那一刻，我的心往下沉。

她好的时候，没有人知道她的快乐与忧伤；她不好的时候，也没有人知道她经受了什么样的风和雨。一切都无从问起，一切都成了谜。整个人都如同她的一本诗集，诗里伤花盛放、情路蜿蜒，扉页上的照片却是笑笑的唇红齿白，如同皇宫与茅屋，阳光与黑夜，有一种强烈比照下的不真实。

她的境遇让我想起日前看的一部电影：《剪刀手爱德华》。发明家造出机器人爱德华，使他具备人类的心智，却没来得及给他安上一双人类的手就死去了，他只好残留着一双硕大的寒光闪闪的剪刀手，独自在古堡生活。里面的树啊、花啊、草啊，全被他用剪刀手修剪成他喜欢的样子，如鹿、如虎、如鹤。古堡里的生活虽然寂寞，却有一种平静的快乐。

但他被带到世间来了，身陷爱情，杀死恶劣的情敌，走投无路之下，只好又逃回古堡，继续孤独地修剪着他的植物、冰雪和爱情。最美的冰雕是一个姑娘，长长的秀发，柔软的腰肢，即使是冰做的，也能看到脸上融融春日一般的笑……

这个同事大约就类同于这个忧伤的剪刀手，对她来说，也就等于隐退到一个只有她自己才能到达的古堡。古堡外面，远远的是人类世界的繁华与喧嚣。

所谓的剪刀手，对整个世界采取的姿势大约只有两种，一是抵御，一是进攻。这两种态度于人世来说都不大相宜，因其失去了和谐的韵致。人世种种的不如意，都在于企图把世界修剪成自己想要的模样，挥舞一把寒光闪闪的大剪刀，一路走来，一路剪裁。却忽略了人间烟火纵横、事理纷繁，永远无法如愿；一旦失意，又退回古堡，宁愿在狭窄闭塞的空间里过自己想要的小日子。

普通人的好处就在于手上没有长着寒光闪闪的大剪刀，他们既懂得抗争，又懂得妥协；既懂得独立，又懂得融合；既懂得自己是一个独立的个体，又明白自己和这个世界终究是无法彻底剥离的一个整体，所以会自觉自愿地和整个世界达成和谐，然后再活出独立的生命个体特有的精彩。

美文赏析

本文以一个同事的亲身经历为例，说明了一个道理，在人与人相处的过程中，既不要过分高冷，也不要过分随和，要既保持自我，又能够和人群相处和谐。这是一篇教人为人处世的文章，但是写得并不居高临下，语言平实亲切，说理令人信服。

最后测试

任克清

一家新成立的三资企业要招聘一名出纳员，工资待遇优厚得让人不敢相信。顿时，满城的青年热血沸腾，接下来面试、笔试，折腾了足有半个月，只剩下不到 10 个人，最佳候选人就从这几个人中间产生。

某单位的柳小辉过关斩将，成了为数不多的幸存者。她观察了一下自己的几名竞争对手，论年龄，论口才，尤其是论相貌和风度……她至少也有百分之七十的把握，柳小辉高兴得芳心骤跳，夜夜从梦中笑醒。

谁知好事多磨，进入决赛后，用人单位反倒没了动静。柳小辉这个急啊，差不多天天打听消息，唯恐让别人钻空子占了先，但消息绝对准确：招聘人选根本没定下来。

这一天，刚发完工资，柳小辉闲得无聊，便约了同科室的李静逛商场。待买了些可心东西返回时，发现同办公室的另一名同事王姐也走了，她椅子上坐着个陌生男子，见她们回来，连忙欠身打招呼。

柳小辉很反感。一个陌生人待在别人的办公室里干什么？她冷冷地问："你找谁？"

"先不说找谁。请问二位是在这儿办公的吗？"那男子问。见两位姑娘点头，男子又问："你们哪位坐哪把椅子？"

"这跟局外人有关系吗？"柳小辉更反感了，"我刚才请问过，你找哪个？"

男子从茶杯下取出一张百元面值的大票，钱的一角沾了些碳素墨水。他微微一笑："我等失主呢。刚才在这两把椅子中间拾到这张钱，你们说我揣走还是归还？哪位的，应当谢我才是。”

李静拿眼一扫：“不是我的。我没那么一张钱。再说，发完工资，我贴身装着，不可能串出来，肯定是小辉的。”

“再没有别人啦？”男子把百元大票拍在柳小辉面前，说：“那就是这位小姐丢的啦。”

柳小辉心口噗噗直跳：这男子捡钱是真。世上怎么会有如此傻的人，发了财还在这儿等人认回去？想到这儿，她故作迟疑地说：“是我丢的吗？我钱装在兜里怎么会掉地下？”这样说，她给自己布好了台阶，假如钱不是她的，还有退路。

“你兜里的钱不会数一数？”李静提醒她。

“我的钱没个数。”柳小辉双手一摊。

百元大票归了柳小辉。为了表示礼貌和感谢，她微笑着给来客倒水、沏茶，并询问对方是找谁来的。

“我专门恭候您哪，柳小辉小姐。”男子也报以微笑，“我是您应聘那家企业的职员，奉命来对柳小姐进行最后一次考核。”

这真是意外的惊喜！柳小辉满面春风：“要测什么请马上开始吧。我从来不像别人那样，还需要这准备那准备。这样突然的考试最合理，能看出真正的水平。”

“说得太对了。”男子说，“可我们的考核已经结束。我十分遗憾地通知小姐，请另谋高就。”男子站起身来告辞。

柳小辉一下子明白过来，刚才那张百元大票，是块试金石！她沮丧地掏出那张钱，还给男子：“你们这种考试方法，含有某种欺骗性和污辱性，我兜里的钱的确没有数。”

“不会的。”男子摇摇头，“您在以前的考核中表现突出，尤其是记忆力惊人，您不会不清楚自己兜里有多少钱，何况其误差达百元之多，您更不可能忘记自己有没有过这样一张被严重污染过的钞票。按常理，刚才您去购物时，如果真有这么一张钱，您一定会想起把它花出去或者发现它已经丢失。假如这一位小姐有兴趣的话，不妨去敝公司一试。”男子向李静说。

“作为出纳员，首要的是面对金钱的态度。别的不论，最后这一次考核，您过关了。”

没想到那男子竟是公司的副总裁。更没想到的是李静居然得到了这个职位。她成为出纳员后，有一天闲谈，为柳小辉惋惜：“她只差那么一丁点儿。如果她再冷静一点儿……”

“应当祝贺她。”副总裁说，“要是她果真当上出纳员，那才是柳小姐真正的悲剧。”

美文赏析

文章故事精彩，内容发展起伏有序，结局虽在意料之外，但在情理之中。这个故事使我们明白，做人要诚实，守本分，要有职业操守和道德底线。文中的李静就是一个很好的正面教材，为人干净、单纯、有职业操守，这样的人往往更幸运一些。

跳一跳摘果子，不是跳一跳摘月亮

白　梅

看电视，看到一个女孩子。

二十多岁，方盘大脸，牙齿也不整齐，妆化得不轻，穿一件绿色的连衣裙，质料很平常的样子，在台上和男朋友相对而立。有聚光灯打着，方有这一二分的明艳，走下台去，立马就没入人群看不见。

你我皆凡人，生在人世间，这样的形象和气质都正常，太正常。

但是她一开口，就让人感觉出了不一样。男朋友想求助大家帮他把女朋友“扳”回来，女朋友一脸不屑，扬着脸儿：“哼，我就是要跟他分手，谁让他不支持我的理想的！”

什么理想呢？

“我会唱歌啊，朋友说我唱歌可好了。朋友还专门为我写了歌。”然后她开口唱《隐形的翅膀》，几乎每一个音都不在调上；然后她又开口唱朋友专门为她写的歌，结果调门又仍旧是《隐形的翅膀》。

“我还会走模特步，他们都说我的腿好，能做腿模。”结果在台上走的结果，是腰哈着，两只脚倒是倒替着行走在一条线上，可是肩膀为什么左一横右一横？主持人说自己腰疼的时候，别人让自己做的也是这么个动作。

“我还想演戏。张艺谋的《三枪拍案惊奇》为什么没有火？就是因为闫妮的那个角色没有请我来演。”大家哄堂大笑。

她说话的时候，是不看台下的人的，也不看她的男朋友，就是眼神向左扬，回过脸来，眼神再向右扬；脸儿抬得高高的，那个方方的下巴就更明显了。她说：“我缺少的只是个机会罢了。我需要一个伯乐。”

这句话她重复了三次，就是说：“我需要一个伯乐。”

她说：“我好有才啊，难道你们看不出来吗？”

“你都有什么才呢？”主持人问。

“我会唱歌啊，我还会演戏，我还在家里练模特步，我还写诗。”男朋友一脸无奈：“她每天半夜十二点在家里念诗，楼下的小孩吓得嗷嗷的。”可是她自告奋勇念出来的自己的诗作，分明是层次非常低的打油诗啊。

而在没有伯乐的情况下，她又好坚持。父母不同意她整天这么着，她打开窗户要跳楼，父母没办法，只好放她走；男朋友不同意她整天这么着，她就站在台上，这么高高地扬着脸说：“我要和你分手，谁让你不支持我的理想。”“我相信，有梦想就一定会成功！”

看看，这种心灵鸡汤式的励志毒药把一个好好的孩子祸害成什么样子！一两年前还肯端端盘子、做做服务员、过过正常人的生活，如今却整天痴心妄想着出名，红，有钱。

她这不是理想和梦想。理想是什么？我觉得当老师好，我以后想当一个好老师；我觉得当作家好，我以后想当一个好作家；我觉得开飞机好，我以后要当飞行员……而在现实和目标之间，是漫长的为实现目标而做的努力和准备。目标是明确的，努力是有的放矢。这个女孩子并不知道自己到底想从事什么，她只是想要红，想要出名，想要有钱罢了，于是就像无头苍蝇似的，东一下，西一下，写写诗，练练模特步，唱唱歌，然后在台上出出丑。

我甚至揣测着，她是想通过出丑来把自己搞臭；通过把自己搞臭，达到出名的目的，哪管它是好名坏名，只要是能出名就是好的！能出名后被人赏识，然后有钱，那是最好不过。

男朋友黯然离去，她目送着他的背影，分明有不舍，转瞬却仍旧高扬了头，说：“哼，走吧。我相信，有梦想就一定会实现的！”

真的有梦想就一定会实现吗？我梦想撬动地球，哪怕你真的给了我一根能撬动地球的杠子，这个地球就真能被我撬起来吗？我梦想当化学家，哪怕用世界上顶级化学家来教我，我天赋不够，这个化学家就真能当得成吗？我梦想家财亿万，可是我只是一个普通的中学教师和普通的写作者，怎么能靠这两个职业实现亿万的资产呢？有的梦想真的就只能是在梦里想想罢了，醒过来该干什么还得干什么，踏踏实实，一步一个脚印的。

人贵有自知之明，能掂得清自己几斤几两，走自己努把力就能走上去的路，做自己努把力就能完成的事，摘那颗跳一跳就能摘得到的果子，而不是像猴子一样拼命跳着高想要摘天上的月亮——那不是执着，是疯魔。

美文赏析

我们通常都说“只要努力了，就一定会成功”之类的话，但努力了却不能成功的事情也很多，所以一定要认清现实，在自己力所能及的范围内做出努力，千万不要好高骛远。

恩的中庸之道

周秀梅

古语有云：滴水之恩当涌泉相报。

相传唐代陕州夏县有个名叫阳城的大好人。他的邻居郑俶家中老人故去，因为家境贫寒无钱安葬，四处借贷未果。阳城知道后，就把山东节度使因仰慕他的为人而送的五百匹绢转送郑俶，让他换得银两料理老人后事。

郑俶体面地发送了老人，尽了孝道，对阳城自是感恩不尽。为报恩情，他自愿投到阳城门下为奴。阳城却不接受，而游说郑俶习文，并表示愿意教他。郑俶感激从学。

可是无论如何郑俶也学不下去，于是阳城决定背井离乡，陪他一起学习，只为给郑俶创造良好的学习环境。郑俶最后还是没能在学习上有所建树，选择了上吊自杀，了结性命。

郑俶于危难之时受阳城大恩，自愿投身为奴，性命交由恩人支配是他唯一能想到有价值的报恩之道。无论阳城接受与否，他都已经是郑俶心里认定的主子。

对于郑俶来说，献出性命倒也算救赎了自己，最终偿还了恩情。只是牺牲太大，不免让人深思：大恩何以为报？

阳城赢得大好人的美誉与他平常的乐善好施自然是分不开的。慷慨解囊帮助身陷困窘的邻居想必也未想过回报。

他拒绝郑俶投身为奴，也是因为他施恩并不图报；他劝说郑俶习文，希望帮郑俶改变现状和命运，并且无条件支持郑俶的学业，这些都因为他是一个十足的大好人。

只是他没想一想是不是每个人都能心安理得地接受他的好意，他甚至不会去想于郑俶而言，改变自己去学文真的是必须的吗？一味地对郑俶好真的是在帮他吗？他怎么也想象不到郑俶在他不遗余力帮助之下竟丢了性命吧？正所谓，我不杀伯仁，伯仁却因我而死。执拗于一味地施恩不求回报真的是大善之举吗？

慈善的施恩是以一己之能度人于危难，但是执着于单方面无私给予，对方受恩深重，无以为报，如山大恩也会化身一把利刃，或伤了受恩者的信仰，或断送了他的性命，适度施以对方可以报答的情分才是真正的仁慈。

接受帮助不知回报的人无疑是人品低劣，为世人所不齿；只是报恩的方式也有很多种，若为报一份恩情舍了自我，迷失本我，甚至为还清恩情以性命作为代价，大恩是否亦如大仇了呢？

《论语·雍也》有云："中庸之为德也，其至矣乎。"无论施恩、报恩也都要遵循中庸的道理。

美文赏析

中庸意指待人接物保持中正平和，因时制宜、因物制宜、因事制宜、因地制宜。作者通过本文阐明施恩或报恩都应适度，人与人之间方能保持某种思想层面的平等，如此才是彼此关系长久和谐之道。

雪与火

凉月满天

下雪了。

雪从半空又急又快地往下飘。

冬天过了大半个了，你终于来了。来了就住几天吧，这阵子不要走了。

北方人的这种心情，南方人大约不懂，就像待美人似的。颦笑无端，招人惦记。最难消受白雪恩，不见想见，见了想摸，摸了冻手。冻回屋了还想，想了又去见，见了想摸，摸了冻手……

隔窗看雪，浑圆平展，一霎时前情未尽。

出门去踩，步步脚印，到此刻此生分明。

雪容易让人想起隐秘的往事，少年的印记，以及对世界的思念。渴望的压抑，梦想没办法井喷，迈出去的脚不舍得迈出去也不想收回来。

说不得的人间辛苦。

可是眼看着雪下啊下的，就一点一点变小了，不是说好了要多待一阵子的嘛。

这怎么话儿说的。

心就不由揪起来了，想着别停别停，多下会儿多下会儿。

结果就顾不上赏什么雪景了，由欣悦变成了微微的沮丧和焦灼。

可是我一个朋友不欢迎雪。我正盼着雪多下一下的时候，她说："哎呀好麻烦，不要下了不要下了，再下天就太冷了，路也难走。"

结果等到雪一点一点变小了，她又说："太好了，雪要停了。"转眼又发愁："一会儿路该难走了。真麻烦。"

总觉得我们两个的哪里都有不对的地方，也说不上来。

为什么下雪的时候，就不能好好地、静静地看一片片雪花往下落呢？为什么一定要想到几天后？一天后？半个小时后？十分钟后？五分钟后？

只顾眼前不好吗？

读小说，读到一个故事，很有意思。讲的是有一个人，他在夜里被群狼追着奔跑。旷野中千里平原，只有一棵枯树。于是他放火烧掉了这棵枯树。火光照耀四野，狼群便退走了。但这棵枯树朽了多年，只剩一张皮，只能支撑一小会儿。很快，火焰越来越小，只剩下一点点火苗。

夜空里乌云密布，看不见月亮，他不知道什么时候黎明才会来。火苗渐小下去，借着黑暗，他看见了更多的狼，漫山遍野的狼。

于是他守在快熄灭的火苗前，苦苦等待黎明的到来，火苗一灭，群狼就会将他撕成碎片。

他开始找一切能烧的东西，但是烧一件，少一件，他不知道能不能撑过这个晚上……

结局？不，这个故事没有结局。

也许黎明在火烧完之前来了，他得救了，继续赶路。也许他没有等到黎明到来，先等到了火焰的熄灭。

那个烤火的人，也许是你，也许是我。

也许我一边烤着火，一边如饥似渴地思念家人。

也许你一边烤着火，一边如饥似渴地想活下去。

也许，还有第三种烤火的方法，那就是：“管它呢。这火焰真暖和。”

对的。火早熄灭也好，黎明迟来也罢，命一会儿还在也罢，一会儿就不在了也罢，烤火么，那就认认真真地烤火，别想那么多。

下雪了，那就认认真真看着每一片雪花落，也别想那么多。

一想多了，烦恼、恐惧、憎恶、焦灼，就都来了。

下雪也不是下雪了，是下苦药。

烤火也不是烤火了，是踩荆刀。

如果雪下在面前，知道雪是美的；火生在面前，知道火是暖的。可是雪小了也就小了，化了也就化了，没事的，一切安好。火着了就着了，灭了就灭了，知道得一时安乐，即是享一世安乐。

——一点一滴的安好拼接起来，可不就是广阔的一切安好吗?

——一时一事的安乐接续起来，可不就是漫长的一世安乐吗?

这样多好!

下雪与着火，无碍安与乐。

美文赏析

这是一篇意蕴深远的美文，由下雪引发的心情延伸开去，想到了一个着火的故事；再由下雪和着火，告诉读者要抓住当下，而不是一味地为未来担忧。文章语言生动，韵味绵长，意绪悠远。

不可炫耀

来　东

战国中期思想家庄子用吴王射巧猿的故事，告诫人们不可炫耀：吴王渡江，来到一座山上。山上有很多猴子，见有生人来了，便纷纷躲入深山里去了。只有一只猴子，在树枝上跳来跳去，不怕生人。吴王见了，便张弓射去。那猴子很灵巧，一闪就躲开了。吴王连射几箭，都奈何不了它。于是吴王命左右一起放箭，转眼之间，那猴就被乱箭射死了。吴王对颜不疑说："这猴子虽然灵巧，但却因为炫耀灵巧，所以伤了性命。"颜不疑听后觉得很有道理，就努力克制自己的骄傲之心，拜贤人为师，三年后吴国的人民都称赞他。

春秋时期教育家子思在《中庸》中，用一段话告诫人们不可炫耀："水低成海，人低成王。圣者无名，大者无形。鹰立如睡，虎行似病。贵而不显，华而不炫。"意思是：水不畏其低，方能聚水成海；人不畏其低，方能服众成王。真正的圣人，最终会修炼到无我的状态；真正的大者，最终会演化为混沌的状态。老鹰站立时双目半睁半闭仿佛处于睡态，老虎行走时慵懒无力仿佛处于病态，实际这些正是它们准备取食的高明手段。所以有德行的君子要做到不炫耀自己的聪明，不显示自己的才华，才能够有力量担任艰巨的任务。

三国时期魏国文学家李康在《运命论》中，用一段话告诫人们不可炫耀："木秀于林，风必摧之；堆出于岸，流必湍之；行高于人，众必非之。"就是说，树木高出树林，风肯定会把它吹断；土堆突出河岸，急流肯定会把它冲掉；德行高于众人，众人肯定会对他进行诽谤。

明代学者洪应明《菜根谭》中，用一段话告诫人们不可炫耀："君子之心事，天青日白，不可使人不知；君子之才华，玉韫珠藏，不可使人易知。”意思是：有道德、有修养的正人君子，有着光明磊落的胸怀，没有什么需要隐藏的阴暗行为；而他的才能应该像珍贵的珠宝一样藏而不露，不轻易向人炫耀。

清初大臣魏裔介在《琼琚佩语》中，用一段话告诫人们不可炫耀：“象以牙而成擒，蚌以珠而见剖，……金铎以声自毁，膏烛以明自煎。故勇士死于锋镝，智士败于壅蔽，好水者溺于水，驰马者堕于马。君子慎勿以炫露而招损哉。”意思是：大象因为有牙而被追捕，蚌因为有珍珠而被解剖；乐器金铎因为声音而招致自我毁灭，蜡烛因为照明而搞得自我消融。所以勇士常死于刀箭，有智谋的人常失败于被隔绝蒙蔽，喜爱水的人常被水淹没，骑马奔驰的人常被摔下马。君子应该不因为炫耀而受到损害。

晚清名臣曾国藩在《挺经》中，用一段话告诫人们不可炫耀：“聪明外露者德薄，词华太盛者福浅。”意思是：凡是恃才傲物，故意显露自己才华的人，德行都不高，只是小聪明而没有大智慧；说话夸夸其谈，做事人浮于事的人，不会有深厚的福分。

古往今来，满招损，谦得益；骄傲使人落后，虚心使人进步，这是颠扑不破的真理。

一个人，揣着一根牛毛就说有一头牛，那是吹牛；有一头牛展示一头牛，那是诚信；有九头牛才露一头牛，那是低调；有九头牛把每头都拉出来遛一圈，那是炫耀……吹牛令人可笑，诚信使人亲近，低调给人好感，炫耀惹人讨厌。

美文赏析

本文紧紧围绕着“不可炫耀”的中心，采用罗列论据的方法，引用了很多古人的言论，使得中心立得稳稳的，可以称得上颠扑不破。我们写文章的时候也要注意多积累素材，这样才能够使文章更丰满，更有说服力。

答　案

西　风

一个人画了一幅画，很好，很强大。

画里有花，有云，有树，有人，有河，有桥。

可是谁也看不懂。

因为他看花的时候是仰视，看云却是俯视，看树木是平视，看人是从花的角度去看，看河则紧贴着河面，看桥又是从桥梁结构透视去看……

我们平时看东西只用自己的角度去看，他才是真正体现了“设身处地”所表达的概念。

假如我们也像他那样看世界呢?

“花儿开放在春风里”，我们在说这句话的时候，“花儿”只是一个总称。事实上，每朵花看出去的世界都不同。

山坡上的花、山脚的花与山顶的花看出去的世界不同，背阴里的花和阳光下的花看出去的世界不同，在树头上和树脚下的花看出去的世界不同，在路边的花与麦田里的花看出去的世界也不同，花园里的花与庭院里的花看出去的世界不同，春天里的花与夏天的花看出去的世界不同，长在水里的花与浸在水里的花看出去的世界不同，铃兰、紫罗兰、玫瑰、百日草看出去的世界不同，初生的花、正盛的花与将萎的花看出去的世界不同，花萼、花嘴、花蕊看出去的世界不同……

我们那句“花儿开放在春风里”里面包含着如此广大的无限可能性，而我们只采取了一个“花”的称呼，表达一种“开放”的意象，真概括，真粗糙，真遗憾。

花犹如此，树何以堪?

树也有它对世界的独特看法。

比方说树也感觉疼痛，也认识熟人。有人侵害他们，也会联合起来抵抗。我们庭院周遭的树和狗也没有什么不同。狗看护庭院，树也看护庭院。狗关心我们，树也关心我们。狗有个性，树也有个性。你砍断它，它也会觉得痛，就好像一个人被扼住了喉咙，枝叶渐萎，呼吸渐停。当一个熟悉的人经过，你的气息振动，它会轻摇叶片，向你致意，而你目不斜视……“那颤抖的叶是我等待的热情，而当你终于无视地走过，在你身后落了一地的，朋友啊，那不是花瓣，是我凋零的心。”

树犹如此，人何以堪?

穷人和富人看出去的世界不同，清扫工和总统看出去的世界不同，孤独者和身边亲人朋友环绕的人看出去的世界不同，老年人、中年人和孩子看出去的世界也不同，男人和女人看出去的世界不同，这个男人和另一个男人看出去的世界不同，这个女人和另一个女人看出去的世界也不同，精神病人和正常人看出去的世界也不同……

生命有着如此多的可能性。我们的视角却狭窄得如同被打上了聚光灯，只从我们自己的视角看，看到的只是强烈光线内的风景。我们就这样看世界，看宇宙，看星星。于是我们看出去的星星，如此的明亮、耀眼与永恒。

那么，假如一个比我们的生命更短暂的生命来看我们呢?

假如说，我们的房间里就住着这样一只微细到可以忽略不计的生命，从它的视角来看，我们的房间好比一个庞大到不着边际的世界，当你在房间里踱步，它却在为你做图表，看你的影子从这头横到那一头，花了它的多少年。它坐在那儿，戴着眼镜，考虑你在它的一年的时间里面，走过多少次它的地板。

你的足音隆隆，那小东西的族群代代更新，每一代都有人接过前辈未竟的事业，继续关注你的行踪。然后，终于有一天，一张完整的图表做了出来，上面对你的行为的惯性做了总结，由此做出预测，大家依此来躲避你带来的好比陨星撞地球的灾难……我们一直以为我们只有仰望星星的份儿，一边仰望一边羡慕它的永恒，没想到我们居然也成了星星，一边被仰望，一边被羡慕永恒。

有的人妄自菲薄，觉得自己命如埃尘，宇宙如此之庞大，星星如此遥远。有的人妄自尊大，觉得占星即可知命运，却忽略了“命运”二字如同“花”一样，也有着无限多的可能性。

所以人类并非万物之灵，而是万物皆有灵，都值得尊重。

然而，人类与万物相比，毕竟还是有分别。

马跑得很快，但是马不会四处去问自己为什么跑得快；鱼游得深，但是鱼不会四处找答案自己为什么游得深；鸟可以在天空翱翔，但是鸟不会去质疑为什么自己可以飞得那么高。我们是人，不会跑那么快、游那么深、飞那么高，但是我们能够去找、去追求那个为什么。人类的不同就在那颗心。

只要心在，生和死不重要，尊重生命最重要；生命是否高贵不重要，尊重自己的存在最重要；对于任何迷惑和疑问的追寻，有没有答案不重要，重要的是充满期待，保有希望。质疑，没关系；痛苦，没关系；疯狂，没关系；不安，没关系。只要我们有一颗充满好奇、期待、希望，永不停息的心脏，总有一天，它会让我们睁开一个有着无穷多的视角的眼睛，看到无穷个不同的世界，于是，那种唯我独尊的感觉消失了，生杀予夺的权力不在了，互相尊重的关系诞生了，世界，就真的不一样了。

这个，就是答案。

美文赏析

本文层层递进，说明每朵花看出去的世界不同，每棵树看出去的世界不同，每个人看出去的世界不同……进而又展开想象，假如一个比我们的生命更短暂的生命来看我们，又会怎样……从而合情合理地得出结论：万物皆有灵，都值得尊重。行文至此，按理说应该可以结束了，但是作者却又向上翻了一层：虽说万物有灵，但是人与别的事物毕竟不同，因为人有自己的思想。正因为这样，所以我们才要运用我们的智慧，实现一个万物平等的世界。这是一篇思路清晰的文章，层层推理，令人信服。

心脏的风格

蒋光宇

人的心脏是推动血液循环的器官。它秀外慧中，有灵巧精致的结构，各部位都能协调动作，尤其是心房心室的收缩与舒张，就如同行云流水一样的和谐与柔美。在完成同样工作量的情况下，它所消耗的能量极少，几乎比任何人造的机器耗能都要少。

古今中外的人们，几乎无一例外地推崇和赞美心脏，将其视为生命、情感和智慧的象征。人们对心脏的推崇和赞美并不只是对其秀外慧中的精致结构，而是多方面的，特别是对其奉献、灵活和原则的工作风格。

奉献，是心脏工作风格的一大显著特征。

心脏的重量约 300 克，虽然还不到人体重量的 0.5%，但它勤勤恳恳、兢兢业业、不知疲倦、不分日夜地埋头苦干，其工作量是极其惊人的。以正常人为例，每分钟心跳 70 次上下。每一次心跳为 0.9 秒，其中工作的收缩期为 0.3 秒，休息的舒张期为 0.6 秒，即 1/3 的时间工作，2/3 的时间休息，相当于我们的 8 小时工作制。它每跳一次搏出的血液约 70 毫升，每分钟搏出的血液约 5 升，每天搏出的血液约 7 吨，相当于心脏自身重量的 2 万余倍。科学家曾有过计算：如果推算一个人的心脏一生泵血所做的功，大约相当于将 3 万公斤重的物体向上举到喜马拉雅山顶峰所做的功。由此可见，心脏所做的奉献几乎是不可想象的天文数字！

灵活，是心脏工作风格的另一大显著特征。

人在夜间入睡的时候，心跳变慢，每分钟为 50 次上下。这时每一次心跳为 1.2 秒，收缩期还是 0.3 秒，舒张期变成 0.9 秒，也就是 1/4 的时间工作，3/4 的时间休息。经过心脏的巧妙调整，白天的 8 小时工作制变成了夜间的 6 小时工作制。它抓紧时间休息，从不拖泥带水、浪费体力，更不颠倒日夜打乱规律。

但是，当人激烈运动或遇到紧急情况时，心脏立即就能果断决定，根据需要将心跳加快到每分钟 150 次，甚至更多。这时每次心跳才 0.4 秒，收缩期 0.2 秒，舒张期 0.2 秒，即相当于 12 小时工作制。心脏在应急时刻竭尽全力，毫无怨言，表现出特别能战斗的自觉性和主动性。

原则，是心脏工作风格的又一大显著特征。

心脏坚持追求劳逸结合、适中适度、自然和谐的完美境界。心脏再忙也要坚持休息，可以少休息，但不能不休息。心脏绝不蛮干，绝不接受“不准休息”的指令，因为不吃不喝、不眠不睡，就等于死亡。如果指令过早发出，心脏未能充分休息就提前工作，就会出现临床上的“期前收缩”。如果有一支冠状动脉狭窄超过 70%，供血出现明显减少时，心脏马上会负责地发出警告信号——“心绞痛”，提醒人们赶紧采取措施补救，不然就可能出现危险。

推崇和赞美心脏工作风格的最好方式，莫过于向它学习，就是像心脏那样乐于奉献，像心脏那样机动灵活，像心脏那样坚持原则，像心脏那样智慧地生活和工作。

美文赏析

想不到，有关心脏的学问这么大。作者不但总结出了心脏的工作特点，更将它拟人化，赞美了它的工作风格。本文语言风趣幽默，又严谨科学，必要的时候，不惮于用详细的数据来支撑自己的论点，是一篇妙趣横生的好文章。

蔷薇不愿意

西　风

“佩带花环的阿波罗，向亚伯拉罕的聋耳边吟唱，我心里有猛虎在细嗅着蔷薇。”

好诗。

可是一只猛虎嗅蔷薇，你晓得人家蔷薇乐意不乐意。

好比我们赏花，撅着屁股，凑得近近的，鼻子都要杵进花心里了，眼睫毛都要把娇嫩的花瓣扎出一排洞眼。

又或者伸出柔荑，轻轻掐下一朵花来——

对人来说，这叫风雅。

对花来说，这是个什么玩意！这么怪，大脚板把地板跺得咚咚响，吓破了我们的小心脏；鼻子长得像白毛象，还伸进来乱嗅乱拱，鼻毛都能数得清，呕——

眼睛上还长一排铁刷子，喂，别凑这么近！

啊！一朵好姐妹被这只怪物用长满体毛的爪子把脖子拧断啦，把尸体还给戴到她自己的头上，呜哇哇——

瞧。

我们眼里的蚂蚁，多么微乎其微，对于一朵花来说也是一只扛着大铡刀的恶狼，它们钻进它的花蕊，噬咬它的花瓣，或者不顾它是疼还是痒，径自排着队浩浩荡荡爬过它的身体。它也不能动，所以只能既恐惧又恶心。

一头猛虎细嗅蔷薇，从老虎的角度，也许它的心里有朦朦胧胧的一点什么感觉，但是不耐细追寻，一追寻就消失了；从人的角度，这是诗意的，值得赞叹和铭记，带着禅味。而从一朵蔷薇的角度呢？这家伙那么大的嘴巴，会不会吃了它？这家伙整天吃肉，口气好臭，要熏得它背过气去。我们眼中所见的无比违和又无比和谐的一幕，宇宙间漂亮的一景，如果从蔷薇的眼中看出去，却是可怕的灭顶之灾。

还有，你知道一棵树拔出来，再重新栽回土里去，为什么会叶片发蔫，好长时间恢复不了元气？

不是因为损伤了根脉。据说，把树从土里拔出来，露出根，那是和人类的被剥光了衣服裸奔一个等级的行为，把你扒得光溜溜的，让人看个饱，然后再给你穿上衣裳，让你继续生活，不羞死才怪。

当然，当春风拂面，百花挤挤挨挨，香气萦绕，天顶一片湛蓝，太阳发着金光，或是细雨淅沥而下，这些花啊树啊是多么的惬意。好像一切都围着它起舞，一切都为它谋篇布局，阳光是为它照耀，青草是为它生长，蜂蝶是为它萦萦绕绕，流水潺潺，其实是为它奏响的爱的鸣琴……

对一朵花来说，这一切都是围绕着它发生的，我们是它生命中的恶棍，它的生命中还有那么多、那么多专为它存在的喜悦。它才是世界的中心。

每朵花都是世界的中心。

每只猫、每只狗、每只蚊、每只蝇。

一块石头也是世界的中心。

谁说石头没有生命的？你问问量子物理学家，它在和它的周围的环境，质换着怎样的粒子，而它的内里，是又有着多么活跃的粒子的运动。对于它来说，即使是风烛残年的老人，举动也像是在快放电影，就那样滑稽地飞速地前进、倒退、说话，嘴巴动得快得无与伦比，一切都滑稽得不行。而它们睡一觉醒来，我们早已经成了灰尘。

我们就算站在它的旁边，一动不动几十年、上百年，对于它们来说，也不过就是我们的身边，有一只蚂蚁偶尔停留了片刻。至于片刻之后，蚂蚁是生是死，我们不关心，而我们的生与死，石头也不会关心。

所以，你的眼里看出去的，不是世界的中心，那只不过是你的世界。我们看一个疯子傻呵呵地满街乱跑，可是对于这个快乐的疯子来说，我们才是表情木然、心思呆滞的疯子。

一本书中还建议我们玩换角度游戏，就是在随便哪个位置的衣兜里装个小一点的 DV，想办法固定住，然后再把兜掏个洞，从早上出门开始拍，拍你自己的一天。等休息日的时候你就播放下看看，你会发现，原来世界变了，不一样了，全部都是新鲜的，一切似是而非，陌生又熟悉。

过几天换个兜，或者装在帽子上，或者开车的时候把 DV 固定在车顶，固定在前杠上，然后你再看看，又是一个新的世界。这还没完，同样是裤兜，再让镜头向后，或者干脆弄个架子，固定在头顶俯拍，或者从鞋子的角度，或者从你的狗脖子上看，怎么都行，你会发现好多不一样的东西，你会发现原来你不认识这个世界。

我们不认识这个世界。

我们也不认识自己。

戏曲中的陈圆圆的故事，城破被俘，六宫的人被赶着迎接新主子，“九殿咚咚鸣战鼓，万朵花迎一只虎”。

老虎是开心了，那一万朵花开不开心？

当然这话跟老虎说不通，因为老虎不识字。可是我们识字。所以我们不要搞这种让花恶心的事。

当你想要亵玩一朵花的时候，也要先想想它开心不开心。

所以还是不要一厢情愿地去歌咏一头猛虎细嗅蔷薇，因为蔷薇不愿意。

美文赏析

文章从一句优美的诗里引申出了别种含义，这种含义再加以引申，就是这篇文章的中心：我们做人做事都不要只想着自己，也要设身处地地为别的人、别的事物想一想，要做到互相理解。优美的语言是外皮，包裹着深刻的哲理的馅子，使这篇文章读起来很美味，想起来很深刻。

谁能走得更远

秋　潭

世界上第一辆汽车眼看就要诞生了，为车轮胎选用什么材料的问题，工程师们煞费苦心，定不出一个方案来。最后决定为车轮胎选材的事，成立一个特别评审测试委员会，向材料界发出公告，从中选材，来担任这一重要工作。

公告一经发布就轰动了材料界，要知道，能担任汽车轮胎这份工作是一件既新潮又风光能见大世面的事情，谁都想争取这个职位。

招聘大会如期召开，会场上这一天陆陆续续来了形形色色的材料。贵族出身的有黄金、白银、水晶、美玉、玛瑙、楠木、胡桃木……最引人关注的是一般场合根本不露面的金刚石也来了。这些豪门显贵一个个派头十足，光彩照人，不可一世。

实力派的人物也到场了，有钢铁、黄铜白铜兄弟、铝、橡木、铁木、檀木、陶瓷和玻璃，还有花岗岩。

平民群中有杉木、枣木、栗木、楠竹、大青石……

其中有一个长相黑乎乎的，也混在材料群中，显得很孤独。大家都不认识，有好奇的就问它怎么称呼，它闷声闷气地说："大家好！我是黑橡胶。"

这时，实力派中走过钢铁来，挺着它的硬身板，发出金属特有的声音冲着黑橡胶喊："黑丘八，你来干什么？大家可能还不认识它吧，它就是那个混血儿橡胶，还不知有户口没有，也当自己是块材料，哈哈哈……"

"你不能这样瞧不起人嘛，你有你的本领，我也有我的特长。"黑橡胶说出话来理直气壮。钢铁一听，目光炯炯气势夺人地说："'特长'，你有什么特长？那天我只用了五百多斤的力气就把你压扁了，算你小子还会点儿气功，不然你早就粉身碎骨了。哦，你还没长骨头呢。你能挨得住我一刀吗？！”钢铁抽出明晃晃的大刀片子抖了抖。

黑橡胶回答说：“我今天来不是为打架，你有能力，我相信评委会选中你。”

“那是当然的，走着瞧！”钢铁发出刺耳的笑声。

招聘大会正式开始，轮到钢铁上场答辩，钢铁自信地说：

“评委先生们，大家都知道，我们钢铁世家的贡献是巨大的。自从我们家族取代了青铜以来，再没有比我们更强硬有力的材料了。战争离不开我们，新兴工业更离不开我们。既然火车轮子的工作是我们钢铁的专利，那么这次汽车选轮胎非我莫属。”钢铁这番话真的很有分量。

轮到黑橡胶上台答辩，黑橡胶说：“评委先生们，我叫黑橡胶，我不会说话，其他材料有它们的能力，我也有我的特别之处，所以我今天来应聘。”

招聘会之后，接下来就是入围材料工作能力测试了。钢铁和橡胶都参加了测试，评定结果令人大跌眼镜——汽车轮胎最终选定由黑橡胶担任。

评定工作新闻发布会上，评委主席是这样说的：

“各位先生们：大家可能对这次评选结果感到很意外，我们评委会同样也感到意外。这次名不见经传的黑橡胶先生显示了它卓越的工作能力。可以肯定地说，黑橡胶先生是新时代新兴材料中一颗璀璨夺目的新星！”会场上爆发出雷鸣般的掌声。

评委主席接着说：“老话说得好，‘人不可貌相’，黑橡胶先生出身平凡，没有显赫身世，形象也不出众。然而它的特殊性能是最适合这份工作的。它没有玉石、玛瑙的光滑和美丽，也没有钢铁、金刚石的硬度，但是，它具有行万里路、负重向前最需要的品质，那就是——弹力和韧性！”

会场再一次掀起狂潮般的掌声。

美文赏析

本文通过一则童话故事说明一个道理：每个人都有自己的特长，既不必妄自尊大，也不必妄自菲薄。文章情节生动，引人入胜。我们不是要记住这个故事，而是要记住故事展现的道理。

品尝声音味道的青年

李　静

在英国有一个与众不同的年轻人，他可以品尝到声音的味道，不同的声音就犹如冰淇淋、香醇的葡萄酒或是松露巧克力一般美味。也许这太不可思议，但又是真实存在的，它来自于詹姆士·万纳顿独特的联觉能力。

学会说话后，詹姆士总是撒娇地告诉母亲他很喜欢她，因为她的味道就像是冰淇淋。父亲听到后也好奇地问自己是什么味道，詹姆士就会噘起小嘴，说父亲的味道就像是过期的豌豆。

父母并未觉得詹姆士有什么异常，可这种情况越来越多。十岁那年的一天，詹姆士在做作业，母亲在旁边给他削铅笔，一不小心，铅笔从桌子上滚落下去。詹姆士马上停住笔，看着滚落的铅笔，自言自语地说："我品尝到了全麦面包的味道。"母亲一怔，觉得这些味道严重分散了詹姆士的注意力，就带他去看了医生。医生的诊断结果未见异常，认为那只是小孩子在成长过程中的丰富想象力而已。

父母放心了，但詹姆士的状况却越发严重。上历史课时，他听到无头皇后安妮·博林的名字，竟不由自主地说道："我尝到了充满汁水的梨子的味道。"老师和同学们都怔住了，不知道詹姆士说的是什么，老师警告他上课要认真听讲。

可每次的历史课，詹姆士都能把英国大多数君主和味道联系在一起，这让他轻而易举地记住了别的同学花费很多时间都背不下来的历史事件，因此历史成绩也总是名列前茅，可同学们知道他这种特殊的记忆方法后都觉得这不可能，他只是在吸引别人的注意。

随着年龄的增长，詹姆士每次听到别人的名字就会感受到不同的味道，选择朋友时也是根据自己对别人名字的味觉来决定，就像睡在他上铺的同学因为让他品尝到了香脆的薯片的味道，而成了他的好朋友。

不仅如此，初入职场的詹姆士也是靠味道来记住上班的路。他觉得自己的上班路线就像是一个菜谱，以果酱三明治开始，到品尝到松露巧克力时就到了公司，中途路过的牛津广场的味道就像是蛋糕。这个“菜谱”不仅让詹姆士轻易记住了前行的路线，就是不小心走错了方向也会及时提醒他，因为记忆中他要向北，那个方向的味道会变成培根，如果不是，就证明走错了。

詹姆士可以用味觉感知世界，这让他拥有了与众不同的美味人生，但也为他的生活平添了许多烦恼。有一次，他和女友看一部灾难题材的电影，跌宕起伏的画面叠加着震耳欲聋的音效，这复杂的声音一直困惑着他。他每听到一个词，就会不自觉地去联想对应的味道，如果找不到那种味道，他就会一直想下去。一场电影会有无数的词语出现，詹姆士会不停地想要品尝味道，不仅没有领略到剧情的震撼，自己也被弄得心力交瘁。

在痛苦万分的情况下，詹姆士到医院接受了核磁共振检查，结果令他极其意外。他的脑内组织处理听觉和味觉的部分存在着一种特殊的联系，也就是混合两种感官的联觉能力。在英国大约有百分之四的人会被这种模糊的感觉影响，但这种味道通感，却是比较罕见的。

这种联觉能力给詹姆士带来了麻烦，可又像是呼吸一样自然和不可或缺。在知道了自己的情况后，他加入了英国通感协会，进行各种通感演讲，并最终成了英国通感协会的主席。

美文赏析

独特的能力给了詹姆士·万纳顿美味的人生，但同时也困扰了他的正常生活，而他却将劣势变为优势，闯出了属于自己的独特天地。其实，生命中的机遇对于每一个人来说都是公平的，没有尝试就没有成功，只有勇于尝试才能与幸运相拥。

第三辑
不会衰老的只有智慧

苏格拉底把自己变成了一种美的象征，而且这种美是永恒的，到了几千年后的今天，他的美依然在全人类闪耀着耀眼的光辉。

一个人的长相并不是最紧要的，如果一个人把长相看成人生的关键，就一定会与幸福背道而驰。漂亮的外表虽然是一种厚爱，但是，容貌是会随着岁月的流逝而衰老的。不会衰老的，只有智慧。

黛玉错过了多少美

凉月满天

林黛玉和薛宝钗的诗都做得极好，但两人气质却不一样。黛玉是诗人，宝钗是哲人。

所谓诗人，一身瘦骨，倦倚西风，吐半口血，在侍儿搀扶下看秋海棠。而且诗人不能爱上什么东西，一旦爱上了，他就完了。爱得太厉害，得不到，就连命也不要了。所谓哲人，沉默安详，花来了赏之，月出了对之，无花无月的时候珍重芳姿，大白天深掩重门。不如意事虽然也有很多，但是笑一笑也就过去了。

所以两个人比起来，黛玉就不幸福得多，因为她的诗人气质让她太执着。不过我这样说好像也不对。苏东坡就是个大诗人，而且他的平生遭际着实说得上不幸。诗人的气质让他有感则发，不平就鸣，“昂昂”叫的结果就是搞得无论是政敌执政还是同党专权都容他不得。但是，读他的诗，却没有黛玉的“不语婷婷日又昏”的凄恻哀怨，而是“大江东去，浪淘尽，千古风流人物”的豪迈和“一蓑烟雨任平生”的豁达。这固然和他粗犷的男性气质有关，但绝不是最主要的根源。原因在于他的亦哲亦诗的两栖活法，或者二者中和的精神境界。

诗人的敏感的触角，哲人的随流任运的豁达胸怀，二者完美结合，让他的一生过得坎坷而热闹，丰富而美好。

说到底，哲人的心态就在一个不“执着”。大多数“执着”的诗意的人，对于世上的美丽，未见之先，先有“好花不常开，好景不常在”的喟叹，见到之后，又为无法永久持有而心生悲感。黛玉的痛苦，就来自于自己的“执着”之心。所以她懂诗懂佛，却最是看不透、解不开。宝钗也懂诗，却把诗诙谐地比作“原从胡说来”，也懂佛，却把宝玉的偈子三把两把扯碎烧了。她虽然也是际遇堪怜，但却始终保持一种哲人的得体的淡然态度，所以就算世事无常，她总能高傲而高贵地活着。

苏东坡也能。他的哲学足够成为他的拄杖，支撑自己度过坎坷多艰的一生，并且在极端的凄苦中找到一些乐子，比如“日啖荔枝三百颗”，比如“用富者不肯吃，贫者不解煮”的猪肉做成东坡肉。当他在其热无比的天气里走一条老也走不到家的山路的时候，刚开始也很苦恼，旋即又给自己开解：其身如寄，哪里不是家，不能随处坐卧休息呢？这样一想，趱程的心就淡了，苦恼顿消。

我因为工作单位的改变，被迫改变了自己的上班路线。以前总要穿过一段两旁是菜地的夹道土路，去等公车。那一段路本来五分钟就能丈量完，我却宁可每天早出家门十五分钟，一步一步慢慢地摇。一路上看天，看地，看树，看云，看两旁的菜地和沟渠里清凌凌的流水。春天来了，小草稚拙娇憨，悄悄拱出地面。地里有农人，一边间苗一边大声地谈笑。

现在却到处是车，到处是人，到处是灰蒙蒙冰凉坚硬的楼房，莫名的烦躁让心无法安放。直到有一天，雾重霜浓，杨柳的光枝上披挂了一层银霜，路旁的衰草也像写意画似的金枝银条，美得我倒抽一口气：以前为什么没有发现呢？这些树多美呀，像云，像灯，像扫把，像流苏，春天来了，流苏上串着一粒粒的珍珠，又像美人的长头发。有一处叫作崔氏双节祠的老房子，灰墙黑瓦，院里一株树扭得像华盖，湿气氤氲，温婉寂寞地度过许多年的光阴。

原来我把许多时间浪费在了怀念和凭吊，却忽视了眼前风景。东坡说：“凡物皆有可观，苟有可观，皆有可乐，非必怪奇伟丽者也。”就是这个意思。

亦诗亦哲的人有福了，诗人的灵性让他君临万物，美处皆可娱目怡情，哲人的胸怀又让他没有贪念，任万物之美旋生旋灭，方死方生。“江上之清风，与山间之明月，耳得之而为声，目遇之而成色，取之无禁，用之不竭，是造物者之无尽藏也。”这种生活态度扩大开去，就是对于生命的旷达。

“人生到处何所似，应似飞鸿踏雪泥。泥上偶然留指爪，鸿飞那复计东西。”是的，飞鸿踏雪，无非一场经历，过处即应皆忘，高远辽阔的天空里，苍鹰不肯背负着忧虑和回忆飞翔。

美文赏析

本文以黛玉、宝钗作比，说明哲人比诗人活得豁达。为了证明这个论点，又将苏东坡拉来以做佐证，越发使论点能够得到充分有效的阐发。论点立住之后，又以“我”的经历和心路历程为论据证明同样的论点，这样古今结合，就更能够使文章血肉丰满，骨骼清晰。语言有诗意，读来令人心旷神怡。

叶黄叶落写意

宁新路

一片叶黄了并落下，就会有一树叶黄了并落下；一树叶落光，就会有枝枯；枯枝漫树，树就会病去或死去。叶黄叶落，是让我对一棵树既伤感又担心的愁事。

对叶黄叶落和枝枯树死产生的惧怕，是从记事起第一个亲人离世印刻进我心里的。家门口那棵树叶黄叶落并枯去的那个寒日，我爷爷忽然在叶落树枯的那几天去世了，我怀疑是那棵枯树把我爷爷“带”走的。我恨那棵枯树的叶黄和死亡，恨它是棵不祥的树，我把这棵树砍了，碎成了柴、烧成了灰烬。门口少了一棵树，爷爷走了，树成了爷爷的化身，爷爷也成了树的化身。我每当看到无树的坑，就会想起爷爷，就会有针刺般的疼痛钻心。

数年后的一个晚上，我梦到一棵老树上苍翠的叶子黄了落了，随之树黄了倒了。叶落的声音很大，树倒的阵势铺天盖地，叶向我砸来，树朝我扑来，我被落叶砸得晕头转向无处可藏时，老树拦住了飞奔而来的落叶，把我搂在了它的怀抱，我免遭落叶的陷害从而脱险，但我却被奇梦吓醒了。我恐惧这怪异的梦，我讨厌这与叶落和树倒有关的梦和实现的眼见，怕它是不祥的预兆和死亡的阴谋。这叶黄叶落树倒的梦，真引来了我难以接受的消息——奶奶于昨晚去世了。我深爱的奶奶，又是被那黄了的叶和落叶“带”走了。

叶从春天落到秋天，几乎天天有叶黄，天天有落叶，叶到秋天自然黄，叶到秋天随风落，秋是落叶的时节，是叶谢世的季节。秋是百花谢幕、绿色消亡的时节，让人怎能不为叶黄叶落悲愁。人越往生命的远处走，就越怕见到秋天，越怕见到叶黄叶落，更怕看到寒风里的枝枯。这是我把叶黄叶落与人病人去联系得太深切的缘故，也是把人故与叶落看成了一回事的偏执。

凝望那片片黄了又落的叶子，我会想起那每片鲜活的面孔，它们曾在高贵的枝头上摇曳，是那么鲜嫩青翠，是那么旺盛生动，谁能料到它会突然黄去落去，或者很快叶黄叶落。生命真是不可思议，为什么会有叶黄叶落呢？这是生命的局限和悲戚。

叶从叶绿叶翠到叶黄叶落中落土，人从青春年少到病魔缠身中辞世，喜是多么相似，悲又是多么相似。可是叶黄叶落也是道风景，是秋最美的色彩，即使黄得将要败落的叶，也是黄得极致的大美之色，美得让人感叹不已。成了美的组合的叶黄叶落，实是叶生命的绝唱，反倒成了叶生命最后的绚丽色彩。黄的叶和落的叶，好像没感到悲，也许它为叶黄叶落而歌唱，它为落入泥土将会变成春天另片新叶而欢喜，叶黄叶落本无意，人为叶黄叶落而叹而悲，是我没看懂叶黄叶落的禅意，是我对生命规律认知的狭隘偏执。

想到为一片叶黄叶落而伤情，更想到生者为死者而悲痛欲绝，一代代人重复着生者为死者悲痛欲绝的事情。人活着或活到老，会在不断地悲痛欲绝中走过，人活得太苦了。人若不能从叶黄叶落中感悟到生命回归的从容与快意，就无法摆脱生死离别痛苦的代代重复的悲戚。

人应当活在思念里，不应当活在悲伤里，这样看待叶黄叶落，让我看到了满枝满地的金色。

美文赏析

作者由叶黄叶落，写到了亲人的去世带来的悲伤和哀戚。但是作者最终却想明白了，人应当活在思念里，不应当活在悲伤里。心态转变后，才能看见满枝满地的金色美景。语言婉转，意境一往情深。

不会衰老的只有智慧

鲁先圣

古希腊时代的雅典广场上，苏格拉底如平时一样在广场的一角开始了自己的演讲。这个时候，一群学生来到他的身边，他们正为很多问题难以解决而烦恼、忧愁和痛苦。他们向苏格拉底请教："老师，我们每天都在被这些问题困扰着难以自拔，我们的快乐到底在哪里？我们怎么才能寻找到人生的快乐呢？"

苏格拉底看着这些可爱的年轻人，轻松地说："你们先不要急于寻找快乐，你们先帮我造一条船吧，然后我带着你们乘船去寻找快乐！"

这群学生暂时把寻找快乐的事儿放在一边，锯倒了一棵又高又大的树，找来造船的工具，用了七七四十九天，挖空树心，造出一条巨大的独木船来。

他们来广场告诉苏格拉底，独木船造好了，请老师去看。苏格拉底指挥着独木船下水了，然后与学生一起登上了木船。他带领着这群激昂慷慨的学生，一边合力划桨，一边欣赏着河流两岸的旖旎风光，一边齐声唱起歌来。青年学生们跟随在老师身旁，划船，唱歌，完全陶醉在这忘我的情景当中了。

苏格拉底看着这群天真无邪的孩子问："孩子们，你们快乐吗？"孩子们早已忘记了他们先前向老师提的问题，齐声回答："老师，我们快乐极了！"

苏格拉底说："快乐就是这样，它往往在你为着一个明确的目的忙得无暇顾及其他的时候，突然来访。"

苏格拉底长相十分丑陋，扁平的鼻子，大腹便便，粗矮的身材，还有些秃顶。在当时的雅典城邦，他丑陋的相貌与他睿智的哲学同样享有盛名。

苏格拉底本人从来也没有介意过自己长相的丑陋，他总是穿着褴褛的衣服，光着脚到处走。他大部分时间都会准时出现在市中心的广场边，发表演讲，撒播智慧，告诉人们幸福的真谛。只要他一出现，整个城市似乎就动起来了，人们像时刻等待着这一时刻的出现，立刻就从四面八方围拢到他的身边。他立刻就成为城市的核心，大家都静静地听着他的演讲。

有人问过苏格拉底，你长得这样丑陋，怎么丝毫没有羞耻的感觉？苏格拉底回答：每个人的容貌都是天生的，生得美和丑都没有必要炫耀和自卑，再漂亮的面孔也会衰老，只有美化自己的心灵，用自信和智慧去塑造你在每个人心目中的形象，才会具有永恒的魅力。

其实，长相并无美丑的标准，有的人以小巧精致为美，有的人以强悍粗犷为美，有的人欣赏杨柳细腰的纤弱，有的人喜欢丰腴富态的高贵，我们大家都是其中美的一种，没有什么真正的丑陋。美是一种你在他人心目中的感觉。事实上，当时的苏格拉底，依靠自己的智慧和口才，完全征服了人们，人们心目中的苏格拉底形象，不再是那个长相丑陋的人，而是一个具有高深智慧、充满魅力的哲人。

苏格拉底把自己变成了一种美的象征，而且这种美是永恒的，到了几千年后的今天，他的美依然在全人类闪耀着耀眼的光辉。

一个人的长相并不是最紧要的，如果一个人把长相看成人生的关键，就一定会与幸福背道而驰。漂亮的外表虽然是一种厚爱，但是，容貌是会随着岁月的流逝而衰老的。不会衰老的，只有智慧。

美文赏析

任何时代都是看颜值的，但是，任何时代都不会只看颜值。美貌和智慧相比，美貌易朽而智慧长存。苏格拉底不因自己丑陋的外貌而自惭形秽，而是勤于播撒智慧，这样的人难道不值得我们敬重吗？

白房子

西　风

白房子。

纯白的。白顶，白墙，白灯，白光，白窗帘，白窗纱，白桌子，白椅子，白地板。所有的一切可以看见的地方，全都是白色的。周围寂静，没有哪怕一丝声音。你穿着同样的一身白色，皮肤也是白色，头发也是白色，所能看到的身上的一切，都是白色。然后，进入了这个地方，你猜会怎样?

首先，你会变瞎。因为没有哪怕一丝的色差，可以把你和这些东西分开，你不知道哪里是这面墙，哪里是那面墙，你抬腿碰到了椅子，要用手一点点摸过去，才发觉撞痛你膝盖的是什么东西。你分不清你举高的手臂和天花板的距离有多远，你也分不清白色的地板和白色的灯之间隔着怎样的空间。你拉开窗帘，撩起窗纱，结果窗外也是一片白色。白色的树，白色的花，白色的路，白色的沙，白色的水，白色的楼，白色的汽车，行走的白色的人。可是这些你是真的能够一直看见的吗? 看一会儿，你就发觉自己什么也看不见了，眼前一片茫茫，树、沙、人、车、虫，都隐没在这一片白茫茫的雾下。回头看房间，房间里也什么都看不见了，甚至伸出手，你看不见手；撩起长发，你看不见长发；掀开衣服，你看不见身体；哪哪儿都是白，令人绝望。你闭上眼睛，打算阻隔这片白色，可是紧闭的眼帘透过光，也是一片白，因为——甚至你的血液都是白色的。

你开始如饥似渴地想念赤、橙、黄、绿、青、蓝、紫，想象着自己把椅子涂成蓝色，桌子涂成绿色，天花板涂成血一样的红色，地板涂成鬼一样的黑色，窗帘涂成浓紫色，窗纱涂成深深的鸦青色，只要看不见白色就好。就是自己的身体，你都想象着一只眼睛是黄色，一只眼睛是蓝色，嘴唇是绿的，头发是橙的，一条腿是红的，一条腿是青的，血管里流的血是紫的……这种想象如饥似渴。

于是，一错眼间，你的房子变了。天花板是乳白色，地板是蛋青色，窗帘和窗纱是浅紫的，桌椅是谐调的亮棕，桌面上还镶着棕白相间的菱形块儿。外面的车有红色、黄色、绿色、紫色，以及最普通的黑色，行人的衣服也各种各样的颜色，还有树是绿的，草是绿的，花是红的、黄的，蝴蝶翅膀上带着彩色斑点翩翩飞过。

你深呼一口气：真好啊。真好。

可是，这不就是我们日常生活的世界吗。

我们不是觉得它很不好，很潦倒？甚至觉得它很混乱，很肮脏？不是急于逃离？不是向往纯洁？为什么到了一个洁白得不行的地方，我们又那么呼天抢地要冲出去？

在一个没有真与假、善与恶相对，美与丑、好与坏并存的世界，我迟早会因为无法界定自己是谁而发疯：大家都做着一样的事，无好无坏；大家都说着一样的话，无好无坏；大家都想着同样的心思，无好无坏。那么，我是谁？我成了整体的一部分，却没有办法像水滴一样从整个大海里剥离。

要想剥离和界定我是谁，我必须把自己投身在这样一个世界：大家都做这件事，而我不做这件事，由此知道我是谁；大家都这么想，而我不这么想，由此知道我是谁；大家都说这种话，而我说那种话，由此知道我是谁。由我清晰而坚定地知道“我是谁”，来构建出属于我自己的独一无二的世界，这，方是我生存的意义，活着的大意思。

美文赏析

这篇文章切入点极其新鲜，通过对于白房子的假设，提出自己的观点：看似不起眼的人间、尘世，其实是宝贵的，了不起的，因为它有着白房子所不具备的万事万物之间的差异。作者思想深邃，考虑问题角度刁钻，表达出来的意思却让人信服，显示了深厚的文字功力。

做个本然之人

守　义

明朝洪应明在《菜根谭》中说："文章做到极处，无有他奇，只是恰好；人品做到极处，无有他异，只是本然。"意思是：好文章并不是用了什么华丽的辞藻，优美的语言，只是描述的恰到好处而已；好品德，并不是有什么特别之处，只是自然而然地表现出纯真朴实的本性而已。

那么，怎样才能做个本然之人呢？

做个本然之人，要真实，不虚伪。

易中天认为，即使环境差一些，也可以做到真实。他说："首先说真实。有人说，不可能，这年头你还能全说真话，不说假话？我说能，因为我的真实标准是不说假话。有人说，那你说的全部是真话？我说是。他说那不可能，说真话要倒霉的。我说很简单，你觉得这个真话说出来要倒霉的话，你可以不说。康德说一个人所说的必须真实，但是他没有义务把所有的真实都说出来。因此真实的办法很简单，就是你觉得这个真实是不可以说的，你就不说，然后假话你也不说，剩下的全都是真话，这就是真实。"

季羡林也说过类似的话："要说真话，不讲假话。假话全不讲，真话不全讲。就是不一定把所有的话都说出来，但说出来的话一定是真话。"真如精金美玉，伪如败絮瓦砾。如果像易中天和季羡林所说的那样，守住底线，就可以做到真实。

做个本然之人，要善良，不欺骗。

善良，不仅有利于别人，更有利于自己。行善之可嘉，不在于别人夸赞，而在于自己安详；作恶之可怕，不在于被人发现，而在于自己有愧。人为善，福虽未至，祸已远离；人为恶，祸虽未至，福已远行。行善如春园之草，不见其长，日有所增；作恶如磨刀之石，不见其损，日有所亏。

善不积不足以成名，勿以善小而不为；恶不积不足以灭身，勿以恶小而为之。善良至少能给人良好的食欲、安稳的睡眠和如花的笑靥。

乔布斯说得好："不要去欺骗别人，因为你能欺骗的人，都是相信你的人。"有的人可以在所有的时间欺骗一个人，有的人可以在某个时间欺骗所有的人，但没有人可以在所有的时间欺骗所有的人。欺骗有效，但有限。欺骗害人，更害己。只有上不欺天，下不欺人，内不欺心，外不欺世，才能心安理得。

做个本然之人，要诚信，不失信。

诚信则兴，失信则衰。"诚"字的一半，就是成功的"成"。人而无信，不知其可。百术不如一诚，失信就是失败。一个人如果失去了诚信，也就失去了一切。冯玉祥说得好："对人以诚信，人不欺我；对事以诚信，事无不成。"

做个本然之人，要自然，不做作。

这种思想，充分体现在西南联大的一副对联上："如云、如海、如山；自然，自由，自在。"

此对联，出自那年西南联大校庆之时。建设长黄钰生说，三校同人在一起工作，和谐应归功于三校具有"如云、如海、如山"的风度，即清华智慧"如云"，北大宽容"如海"，南开稳重"如山"。训导长查良钊立即对出下联："自然、自由、自在。"他解释说，自然是求真不贵做作，自由是同善不尚拘束，自在是无求有所不为。他认为，在"如云、如海、如山"的气氛中，三校同人必然向往"自然、自由、自在"。

如果做到了真实，不虚伪；善良，不欺骗；诚信，不失信；自然，不做作，就可算是个本然之人了。

美文赏析

本文先提出观点：做个本然之人，然后列出几条需要完成的条件，结尾再做总结，遵循的是总—分—总的结构，层次清晰，议论完整，论据丰富，十分有说服力。

我为我的心

诗　雨

中午小睡，梦中得句二："千山万水魂归远，关山不到行路难。"很奇怪？一点也不。我经常在梦里写东西，就那么有条有理，一行一行写下去。有时候知道是梦，一边写一边想着："记好了，等一会儿醒过来，原样照抄。"有时候不知道是梦，就在梦里打开笔记本记梦。"日有所思，夜有所梦"大约就是这么回事，所以我完全相信《红楼梦》里香菱学诗的事。

她学诗，写一首不成，再写一首还是不成，便"挖心搜胆，耳不旁听，目不别视"地一路思索了去。探春逗她："菱姑娘，你闲闲罢。"香菱怔怔答道："'闲'字是十五删的，你错了韵了。"夜里还是想诗，两眼鳏鳏，直到五更方才蒙眬睡去，梦中得诗八句：

"精华欲掩料应难，影自娟娟魄自寒。
一片砧敲千里白，半轮鸡唱五更残。
绿蓑江上秋闻笛，红袖楼头夜倚栏。
博得嫦娥应借问，缘何不使永团圆！"

这首好，香菱学诗算是成功了。之所以成功，因为她走了心，吃了苦，但是香菱并不觉得苦，因为她喜欢。

读书和写作是苦的，可也是我喜欢的，若是把这些拿掉，反而是苦痛折磨。

所以，"成功"这两个字，怎么说？

在我们的世界里，这两个字凝成一个小词，像一块厚青砖，虎背熊腰，方方正正。一块块厚青砖砌成一幢幢城堡，有大有小，既是领地，亦是界限，界限之外，不是你的地盘。最终躺在病床上，弥留之际，心头难保不是对城堡之外的向往与遗憾。这个城堡标志的“成功”，真的是自己一生想要的吗?

心是不说谎的。得了名的人说出名无趣，得了利的人又说发财无趣，那这样的活法大抵就是无趣。真正的有趣是想出名的人出了名，体味到出名的趣味；想发财的人发了财，体味到发财的趣味。这个“味”有了，像舌尖上吮着一枚几千斤重的青橄榄，这个活法就算成功了。所以对于钻营求官也好，谋求发财也罢，沽名钓誉也中，都不必去骂，只要人家觉得有趣，且又不祸国殃民，就是成功。对于辛苦谋生的人也不必去怜，对于挂冠归里的人也不必去敬，只要人家觉得活得有趣，那就是成功——人家的成功与你何干，为什么翻唇弄舌、评长道短?

薄春初至，榆钱早发，路边看见青凌凌的几枝开，拿个小篮捋了半篮下来，裹上一点点面，炸成榆钱丸子，入口一股子清甜；春日渐深，梨花开了，百亩梨园，人树皆静，蜜蜂嘤嘤嗡嗡，我是绕树周转闻花嗅朵的大黄蜂。春天日深，槐树一夜之间吐了花，又拿个小筐掐了十几枝下来，捋下青白瓣嫩红蒂儿的花儿，洗洗净，拌上玉米面，蒸了一屉槐花“苦累”。什么时候，我也学会了悠游卒岁。

——竟也不觉得光阴浪费。

人到中年，清楚明了了自己没有安邦定国之才，又没有凌云鸿鹄之志，偏居一隅自由自在即是梦寐以求的好日子，因为这样的活法，心觉得安适。

陶渊明回了家，喝着薄酒，看着庭院里的树枝，在自家的小园子里转悠转悠，看看天，看看云，看看鸟。天晚了，还不愿回屋。不要高朋满座，不要你来我往，就这么出门访访田野沟壑，林木清泉，和田地里干活的老农谈两句天。他在那个社会的普遍价值体系里，算是失败的吧？可是这样的活法却赢得了自己的欢心。

陈忠实去世了，他的《白鹿原》写得实在是好。我到现在也搞不明白他做过什么样的官，担当个什么职位，因为他在官位上毫无建树。他就是写小说的人，他就喜欢写小说，让他在当官和写小说二者选一，他必选写小说，因为不写会要了他的命；若是为做官而弃写小说，他会不开心。

濮存昕不爱当北京人艺的副院长，他就爱做演员："让一个演员介入管理，真的不行，这是把我毁掉。我自始至终都是演员，我自己评定自己，我那点水平，撑不起人艺的发展方向。"哪个是成功，做演员还是做院长？很显然大家都认为是做院长，可是让他做院长，不让他演戏，他会死，会病。你说对于他的心来说，哪样才是成功？

无论什么境地，什么情况，悠游卒岁也好，官高位显也罢，发大财也好，戴着草帽下大田也罢，你的活法应了你的心，就是成功了。哪来的什么成功学？人生目标就是五个字：我为我的心。

就这么简洁明了。

美文赏析

文章以梦作引，深入阐释了一个命题：到底怎样才算是成功。原来成功不在外界，成功只在内心。你过的生活是你想过的，你得到的结果是你想要的，这就是成功了。概括起来，就是"我为我的心"，这样结尾就和题目呼应起来了，结构上形成一个完美的圆。

时光如同利刃

落　落

我在单位门口等车，走过来一个高大男人，披件空空落落的外套，大黑眼圈。他没话找话："干吗呢？"我说等车。"咱们单位今天开会吗？"我再望他一眼，逐渐才认出来，他原是某某科室的科长。

那时我刚到新单位不久，曾经给他的科室送过材料，当时他说话洪亮，气势逼人，昂头走路，抬脸看人。

不久，我就听说他住院了，紧接着又有消息传来，说开了颅，要割掉脑瘤，又说转院了，因为本地的医院看不了，肝上也发现病变……

第一次听说的时候，还是满树翠色，蝉"吱吱呀呀"拉着长声叫，一转眼黄叶飘零，秋虫唧唧铃铃。想不到他才出院，更想不到霸王似的人变得如此憔悴，形销骨立，最想不到他居然带着两个大黑眼圈，一晃一晃又来到单位，而且见到每一个人，包括我，包括门卫，他都凑上前去，搜肠刮肚地搭讪。

忽然悲凉。

躺在暗夜里，我时常也会生出恐惧，怕这个横冲直撞的世界突然将我碾得粉碎，留下一大堆未竟的心愿和事业，所以总在拼命，不肯放松——整个生命就是让人焦灼的未完成状态。

想来，他的留恋和谦卑，我的焦灼和忧虑，都来源于对"日子不多了"的恐惧。

日子，是一个什么样的词语？

“所有的日子都来吧，让我编织你们……”这是好多年前，一个十四岁的少年王蒙的诗。这话乍听起来像豪言壮语。少年的生命，花儿一样将开未开，一切将来未来，说起话来都愿意用一些大而无当的词。我也从那个年龄过来的，那个时候饱含意味的“人生”“岁月”“光阴”“生命”到最后光彩褪尽，统统归结为现在一个缺乏色彩的词：日子。

太阳在每个日子无一例外地东升西落，我们在每个日子都要吃饭穿衣，这些细节琐碎，就像磨锯，锯啊锯啊就把一个人锯老了，磨啊磨啊就把日子给磨薄了。时光飞快流逝，无可挽回地把自己带走，时光劫掠中，那些简单日子多么宝贵，有着稍纵即逝的惊人之美。

每个人自从降生就开始享受生命的盛宴，日子如命中的一盘盘菜，吃一盘，少一天。有时心情好，吃得有滋有味，一盘菜转眼就没了，是时光如梭；有时心情坏，食而不知其味，一盘菜老是吃不完，是度日如年……日子又如身上御寒的冬衣，每个人甫一降生，就穿着一层层的衣裳，过一日脱一层，就冷一些。刚开始火力壮，气力旺盛，怎么脱都没感觉，甚至觉得可以活千秋万世，于是放心地吃喝玩乐，恣意纵情地挥霍。伊玛目沙斐仪说：“我从一位苏菲学者那里得到了对时间意义的新认识。他说时间像一把利刃，我们可以用来战胜敌人获得生命的胜利。如果我们不理解生命的目的，盲目生存过日子，最后就会被这把利刃砍死，一文不值。”真的，到最后菜也吃完，衣也退尽，脱剥得剩下一颗光溜溜的灵魂回归天际，以往怨恨憎恶的日子，你想再过一天，也追不回。

读过一篇文章，说人的愿望会逐层递减：有钱真好，有爱真好，有健康真好，有日子可过真好。哪怕很苦很累，得了病痛、降下祸灾，日子显得琐碎而又粗粝，可是有人正在羡慕地看着你——看着你手里那一摞厚厚的日子。

是啊，人必得经历艰辛和劳累、衰老和疲惫、远行和折磨、哀与痛、生与死，才会懂得有一大把平平凡凡的日子攥在手里，可以细数着过，最为幸福。

美文赏析

文章表达的是时间可贵的主题，但是没有按照惯常套路，发表语重心长的说教，而是以身边的人和事为例，表明珍惜光阴的中心。语言生动传神，表意准确委婉。

此时无争胜有争

晓　军

有个民间侠士，姓成名绮，麻衣草鞋，腰悬短刀，大步踏入老子的住宅。他先去院落墙角寻找鼠洞，抽刀刨开看了看，又去厨房检查了食品柜，然后到正厅见老子。

成绮自报姓名，以问罪的口吻说："久闻大名，都说你是圣人，所以我不远千里来见你。一路晓行夜宿，走了数天。双脚磨起水泡，一天也不休息，奔命似的跑来参拜圣人。现在我把你看透了，你根本不是圣人！鼠洞中有你扔掉的剩饭，白生生的粮食，暴殄天物，这是你的不仁；食品柜里的菜五味俱全，吃不完，这是你的不义。"老子无意辩解，岿然不动。成绮大失所望，没趣地走了。

第二天，成绮又来了，以抱歉的口吻说："昨天语言冲撞，冒犯了您老，是我太偏激。今天我纠正了，自己也不清楚为什么要纠正。"

老子说："我不是弄巧炫智的俗士，也不是超凡入圣的伟人。昨天见面，你说我是马，那就叫我马好了；你说我是牛，那就叫我牛好了。万一我真的是马是牛，你给我以马牛的名称，而我又拒绝，那我就会惹祸了。是马是牛，已经犯错误了。拒绝马牛的名称，便是犯了双重错误，所以会惹祸。我认为，唯不争，故天下莫能与之争。"

面对成绮的无礼冒犯，老子的无争胜有争。

在宴会上，坐在卡耐基右边的一位男士讲了个笑话，并解释笑话里的一句话来自《圣经》。卡耐基纠正说，这句话来自莎士比亚的作品。两人各执己见，争论不休。

于是，卡耐基请同桌十分熟悉莎士比亚作品的朋友评判对错。这位朋友却用脚在桌底碰了碰卡耐基的脚，然后赞同了那位男士的观点，表示这句话是出自《圣经》。

宴会结束后，卡耐基十分不解地问朋友，为什么要偏袒错误的一方。朋友说："指出他的错误，会让他丢脸。他感到没面子，就会心生怨恨。争论，是无法击败无知者的。"

卡耐基听后领悟到，应该尽量避免争论，因为争论中没有赢家。面对那位男士的错误，卡耐基的朋友无争胜有争。

季羡林和臧克家在小饭馆吃饭，邻桌是一对母子。女人起身上卫生间，孩子站在凳子上抓桌上的花生米，不慎从凳子上摔下来，顿时"哇哇"大哭。季羡林连忙上去把孩子抱起来，并安抚孩子不要哭。可是由于摔得太疼，孩子的哭声更大了。

这时，女人从卫生间走出来，以为是季羡林弄哭了孩子，吼道："你一个大人干吗欺负小孩？"季羡林没有还嘴，转身回到座位。女人见季羡林不吭声，更加来劲："要是我儿子受了伤，我就跟你没完！"说完，就检查起孩子的伤来。这时，周围的顾客指责女人："是你孩子自己摔倒了，这位先生好心扶起他，你怎么能不问青红皂白就骂人呢？"女人羞了个大红脸。

臧克家问季羡林："你明明被人误解了，她骂你，你为何不还嘴？"季羡林说："大家都看着呢，我何需解释。"

面对女人的无理取闹，季羡林的无争胜有争。

余光中性情温和，在文坛数十载，鲜少与人结怨，但因一首哀悼朋友的小诗，被桀骜不驯的李敖在公共场合多次大骂为"马屁诗人"。有人不平地问："李敖整日说你的坏话，你为何都不回应？"余光中说："我不回答，表示我的人生可以没有他；他不停止，表示他的人生不能没有我。"余光中轻飘飘的一句话，让李敖的辱骂苍白无力了。

面对李敖的辱骂，余光中的无争胜有争。

圣人之道，为而不争。此时无争胜有争，是应对世间许多纷争的好办法。

美文赏析

本文提出无争胜有争的论点，然后分别以古今中外名人的事例加以诠释和佐证，做到了论点鲜明，论据充分。而且文章结构圆满，脉络清晰，这些都值得我们学习。

一辆“花”与一“朵”车

白 梅

一朵花，漂亮。

一辆车，精密。

那一朵花就不精密吗？它的每一片花瓣，每一叶花萼，花瓣上的条条纹络，花蕊上裹的粉球，不精密吗？雪花，六角的，均匀的，细致的，比用最精密的仪器制造出来的仿真雪花都要精密得多，那是一种完美的精密的美。

那一辆车，就不漂亮吗？广告上的车，它向你展现流线型的车身，展示强大的穿山越涧的功能，它没有向你展示它的发动机，它的线路结构，它的油路系统，它就是要用“漂亮”这个词来打动你的心。是的，它很漂亮。越野车轰鸣着穿越泥浆向前开动，小汽车风一样在道路之上穿行，摩托车，几十年前，它是美国最平常的交通工具，对不懂它的人来说，它就是一堆零件组成的一个铁块，对于懂它的人来说，它是美的，漂亮的，如果用一“朵”车来形容它，也没有什么不对啊。

那么，对于精密的、严谨的花来说，用“一辆”形容，也没有什么不对。

一“朵”车，一“辆”花。

世界上有一种人，对于一切机械的、钢铁的、混凝土的造物都不喜欢，对于科技所代表的精密而枯燥的事物以及思维望而生畏。所以他们适合做隐士。

还有一种人，既承认精密的存在，也承认美好的存在，而且还承认这二者完全可以结合起来，机器像花一样可爱，科技像艺术一样令人沉醉。

通常这样的人最容易热爱世界，因为他能从精密中看到美好，也能从美好中看到精密，而他是既热爱美好，又热爱精密，于是他就得到了双份的热爱。

有艺术细胞的人，说一幅画，美呀，一朵花，美呀，一个沙发，美呀，这片叶子，美呀，一只蚂蚁，美呀，一座高楼，美呀，这个世界，美呀。

有科学精神的人，说一幅画，精密，一朵花，精密，一个沙发，精密，这片叶子，精密，一只蚂蚁，精密，一座高楼，精密，这个世界，精密。

不精密的画，不漂亮，不美好。你看似写意的乱涂乱抹，若是这一笔不这样涂，那一笔不那样抹，它也不漂亮，不美好，因为各自的笔意线条不在适当的位置。

不精密的花，不美好，你看似它在凌乱地、疯疯地开着，很闹似的，可是它却是就当这样开，如果不这样开，就不叫作花了，就不漂亮，不美好了。

人这种东西，漂亮吧，美好吧，可是，他是精密的，如果不精密，就会出问题，也就会不漂亮，不美好。

这个世界，星云，天际，银河，山峦，奔腾的河流，美好吧？可是，它精密不精密？春生夏长，秋收冬藏，星云缓缓旋转，银河灿烂，都有一个内在的规律支撑着，说它不精密的，自己去面壁。

反过来说，也是一样的。不美好的画，肯定不精密，不信你随意乱涂几笔试试？不美好的花，也肯定不精密，不信你看看它的纹路花瓣花蕊，肯定没有长在它该长的地方。不美好的沙发也肯定不精密。不美好的叶子也不精密。不美好的蚂蚁也不精密。不美好的人也不精密——不是身体上不精密，而是精神上、意识上不精密，出了纰漏，出了问题。不美好的世界，肯定也不够精密，不是这里就是那里出了问题，有些什么东西逸出了精密布局之外。

精密的机械和物质自有它的美好；精密运转着的物质世界也自有它的美好所在。清风明月也是精密的物质世界里吹过来的风，照进来的月，天籁蛩鸣也是精密的物质世界响起来的动听音乐。

所以，“朵”和“辆”之间，没有隔着楚河汉界。走在街上，可以说，一“辆”树，一“辆”草，一“辆”白云，一“辆”花朵，一“辆”世界；也可以说，一“朵”汽车，一“朵”摩托车，一“朵”楼宇，一“朵”花盆，一“朵”暖气片，一“朵”世界……

那么，还是去欣赏这个精密的世界吧，即使是喧嚣的物质世界，它也是美。你爱它，它就更美，因为你会把它不精密的地方，打磨得油亮、光滑，雕刻出精密而漂亮的花。

你喜欢过那种以“辆”为单位的生活，就去过那种“辆”的生活，你喜欢去过那种以“朵”为单位的生活，那就去过那种“朵”的生活，都没错，都美好，都精密，都值得。

一“辆”一世界。

一“朵”一生活。

美文赏析

为什么要说一“朵”车、一“辆”花？这其中有什么玄机？读者因为标题产生的疑问可以在文中得到完美的答案。原来花也像车一样，是精密的，车也像花一样，是美好的。那么，这二者之间的障壁就可以打破了。我们的思维中的惯性也是可以打破的，不妨试着想一下，我们有哪些惯性思维。

篱笆外面

闫美丽

一位农夫请了工程师、物理学家和数学家来，想用最少的篱笆围出最大的面积。工程师用篱笆围出一个圆，宣称这是最优设计。物理学家将篱笆拉开成一条长长的直线，假设篱笆有无限长，认为围起半个地球足够了。数学家好好嘲笑了他们一番。他用很少的篱笆把自己围起来，然后说："我现在是在这个面积的外面。"

为什么颜回会“一箪食，一瓢饮，在陋巷，人不堪其忧，回也不改其乐”？读完这个故事，就懂了。我们的房子比他大，家产比他多，环境比他好，职业比他高尚，收入比他丰厚，可是，我们的心始终在篱笆里面，颜回虽居败屋陋巷，篱笆外面那广袤无垠的空间，却是他的天堂。

我不鼓励贫穷，贫穷也多忧念，一丝丝，一线线，把心织得像粒蚕茧。我尊重的是穷而不颓、穷而不伤、穷而不暴戾恣睢的生活态度，只有这样，才能让心始终自由：天上白云是我养，地下江河是我开，清风明月不费一钱买。

我也不妒忌富有，富而有学养，富而有闲情，富而心智散淡，宽堂大厦也如草房茅舍，草房茅舍也如宽堂大厦，鹰啸猿啼，心始终在天外。可怜的是严监生和葛朗台，有钱却不华丽深邃，叫人可惜了那钱。

我一位朋友得罪了人，被打压十年，至今不得出头。朋友咬牙切齿地恨，准备用一生的时间和他死耗死拼。可是，生命如此珍贵，前半生已被浪费，后半生也要耗费在和一个小人较劲上面，值不值？仇恨如同拳击台，站在上面的没有胜者。就算你把他打倒在地，再踏上一万只脚，又会怎样？他输给了你，你输给了时间。

往常羡慕人打起背包走天涯，可是走天涯也不过是拿着粉笔给自己画圈，身体的圈子倒是越画越大，可是心呢？就像三毛，天涯走了大半，它还是被紧紧关在小小的篱笆里面，爱怨痴缠，直到生命结束的那一天。

就这样，因为爱，因为恨，因为富有，因为贫穷，因为执着，因为贪婪，一颗颗心被囚禁在一个个篱笆里面。现代人太爱厮杀打拼，斗智斗勇，却不知道宝刀易折，元气易伤，我们缺乏的，是一种叫作“悦”的悠长的古典精神。

有钱的，悦于钱，有位的，悦于位，无钱无位的，悦身边的人，连身边人也没有的，悦于黄花松竹引清风；有亲情的，悦亲情，连亲情也没有的，悦世人。如王羲之《兰亭序》言：“或取诸怀抱，晤言一室之内；或因寄所托，放浪形骸之外。虽取舍万殊，静躁不同，当其欣于所遇，暂得于己，快然自足，不知老之将至。”

一个“悦”字道尽千般，心的世界就这样越来越宽。我家有一棵文竹，刚来时文静秀丽，弱不禁风，如今饲养充足，气候温暖，它就拼命往高里攀——那就让它往高里攀。反正我又没指着它开花结果，也不打算拿它给人看，这样像茑萝一样往高里长，又有什么不可以？只要它喜欢。

如苏轼遭贬，谪于岭南，有人问他感觉如何，他赋词曰：“试问岭南应不好，却道，此心安处是吾乡。”此心安处是吾乡，身心默契，那种悠远而深邃的意蕴油然而生，你，才站到了篱笆外面。

美文赏析

这是一篇出色的哲理类文章，通过一个小故事，说明“心有多大，世界就有多大”的道理。心大了，哪怕境遇不好，也能够“此心安处是吾乡”。作者深入剖析自己的心路历程，再以古人和今人作证，使得道理令人信服。

有比正确更愉快的事

粟志奇

刚结识一美女，人是极好，又是极美，又极有才，处处皆好，可惜有点太“正”了，言行无一不合规矩——我说爱读盗墓小说，刺激，她说那不好，你的思想不健康，你应该读名著——她说话的神情，就好比说别的美人走在路上或是坐在哪里，好比临水一枝桃花开，她则无论是走在路上，或是坐在哪里，皆是端端正正好比是凤冠垂旒的女神下界，叫人想起《儒林外史》里的鲁小姐，美貌兼有才，却是在闺房里面，不读“美人卷珠帘，深坐颦蛾眉，但见泪痕湿，不知心恨谁”，不吟“云想衣裳花想容，春风拂槛露华浓”，倒是晓妆台畔，刺绣床前，摆满了一部一部的文章，每日丹黄烂然，蝇头细批，嫁了人也不和才子相公谈诗论词，倒是写一条纸交过去，让他也做一篇八股文章来看看——这样一个好姑娘，天地苍黄，可惜那身影迟早会褪色成一张悬在墙上的画像，有面目，没模样。

所以我爱读《枕草子》，这样一本小女人写的书哦，处处都是一个正当着差却大脑溜号的小姑娘的小情小调，什么春天是破晓的时候最好，夏天是夜里最好，秋天是傍晚最好，冬天是早晨最好；什么子规躲在树荫里很有意思，杂木茂生的墙边，一片雪白地开着，好像青色里衣的上面穿着白的单袭的样子，正像青朽叶的衣裳，很有意思；什么梧桐的花开着紫色的花，很有意思，楝树的花像是枯槁了的花似的，开着很别致的花，而且一定开在端午节前后，很有意思。

所以小姑娘清少纳言对于那正确而很没意思之人和事，就很敏感了：“在出外的路上……又有很整齐的童女，穿的汗衫并不很新，但是穿惯了有点柔软了，履子却是色泽很好，履齿上沾着许多泥，拿着白纸包着的东西，或是盒子盖上装着几册的书本，向那里走去，我真想叫了来，问她一番呢。在她从门前走过的时节，想要叫她进来，可是不客气地走去了，也不答应，那使用的主人毫不知情趣，也就可想而知了。”你看，这于一路美景毫不流连的童女，必是跟着一个毫不知情知趣的主人，以至于自己也变得毫不知情知趣。真的，若是这小使女肯停下来，一大一小两个姑娘，眉目如画，一应一答，虽是于正事无干，可是天地间却充溢着这刹那的芳华——我们很多时候，就像那个小小的，却郑重其事赶路，只做正确之事的使女啊。

人这数十年光阴，若行行步步总是在正确地读书，正确地工作，正确地结婚，正确地生儿育女，那就好比是席慕蓉笔下的花，郑重得没有一朵是开错了的——可是，那花儿绽放，原本便是怎样开都没有不对，若是当真要郑重地数着朵、打着旗号做着计划地去开，那盛放旖旎却像是原本好锦缎却变成了纸。

读到一本书，叫作《银河系漫游指南》，作者写我们栖身其中的这个叫作地球的星球，其实是老鼠定制，然后请人（准确地说，是外星人）在上面制造出种种的地形。就好比说一个叫作斯拉提巴特法斯特的家伙，就受雇制作了“挪威海岸”。而他设计的海岸线还获了奖。当然，这个旧的地球被外星人为了开拓超空间通道给“咻”地一下清理掉了——不存在了，然后，这个家伙又受雇继续制造出一个新的地球上的新的地形，比方说非洲。结果他做惯了海湾，于是又把非洲大陆也给做成了海湾——看上去虽然怪诞，但挺可爱。可问题是别人告诉他说它还不够接近赤道。也就是说，他做错了。于是，他发出空洞的笑声，说：“这有什么关系？当然，科学能够做成一些美妙的事，但我始终认为，有比正确更令人愉快的事。”

你看，就是这样。

真的有比正确更愉快的事。我们在做事的时候，真的不必时时刻刻都全神贯注，谨小慎微。总有人告诉我们时间有限，生命有限，所以要努力，要竞争，要拼命，要用前半生的辛劳置换后半生的余裕。可是，为什么我们不能告诉自己，时间还充足得很，生命永远不会用完，天上的鸟不种不收，也能吃得上草籽和清水，哪怕偶然有那么一会儿，为什么不放松了竞争的弦，懈怠了端正的面容与身姿，抬头看看天，低头看看地，明眸善睐如春水秋水，做一些比正确更愉快的事，让生命开成一朵有许多花瓣的花呢？

美文赏析

要做正确的事，这个论调没问题；但是只做正确的事，不做有趣的事，这就让人不好接受了。本文作者就是基于此种思想，写下这篇文章：原来这个世界上不止有正确的事，还有很多有趣的事可以做呢。论点新鲜，论述的逻辑通畅，文笔优美，是一篇很棒的文章。

艺高人胆小

董　惠

都说艺高人胆大，古往今来，因为自诩艺高而勇胆横生的人不少，但最终完美收场的人却并不多。诸葛亮在古代那算是首屈一指的神人了吧？但他“算无遗策”也有遗策，“多智近妖”毕竟也是人不是妖。

有一回他命令赵云率军攻取一座城池，他连赵云的军队何时出发、何时吃饭、何时行军、何时攻城都排了一个计划表，结果赵云出发了，他发现事情错了！

那条河正涨潮呢，若按原定的计划行军，整个行动将功亏一篑。

他正急得不行，结果却传来喜讯，城池已破。原来赵云事先知道河水会涨潮，还没出发就让士兵准备好舟筏。这种细心的劲头，怪不得他会是不折不扣的“常胜将军”。据说一次赵云大胜曹军，那样的火光熊熊，他身披银甲，如同天神，敌方主帅吓得浑身发抖，敌军溃逃无数，过后败军按兵不动，他竟然也按兵不动。手下问他为什么，他说要反思。对方反思败绩，他则反思胜绩，别人只看到我军大胜，他却看到自己军队的弊病，是以绝不贸然轻进。

看，胜也小心，败也小心。大将之道，戒骄戒躁，唯谨唯慎，说白了，就是两个字：胆小。

血海里拼杀出来的主帅，哪个都是胆子小小的、运筹细细的、思谋面面俱到。诸葛亮也不是坐坐小推车、摇摇鹅毛扇就算完事，赵子龙也不是一杆银枪、胯下战马、摆几个姿势、迎风傲娇一下就能挣回常胜将军的名头。武艺高强尚且如此“胆小”，别人又有什么脸面叫嚣“杀鸡焉用牛刀”？

我们当地有父子二人行医，儿子是医大高才生，毕业后意气风发，分到重点医院，结果工作不出三年，贸然开刀治死了人，如今分配到洗衣房，濒临下岗；他的老父亲虽是江湖郎中，却医术高明，虽医术高明，却是病人当前，他必是要兢兢业业望闻问切，若是病重，还勤翻医书，多找同道商量咨询。哪怕九成九的把握能治好的病，他也从来不敢掉以轻心。到现在，医馆里还挂着病人赠送的“神医圣手”的牌匾。

艾萨克·牛顿爵士，他用数学方法阐明了宇宙中最基本的法则——万有引力定律和牛顿运动定律，被认为是“人类智慧史上最伟大的一个成就”，他为人类建立起“理性主义”的旗帜，开启工业革命的大门。

就是这样一个了不起的家伙，对于自己的成就却做出最为卑微的评价：“如果说我比别人看得更远些，那是因为我站在了巨人的肩膀上。”

世上的事，约莫就是这样，越是眼界宽、读书多、心胸大的人，看到的世界却是浩浩汤汤，横无际涯，自觉不过是在一片桃叶上飞渡急流的蚂蚁——谦虚造就了他的谨慎，谨慎成就了他的成就，他一步步小心翼翼爬上了巨人的肩膀，放眼远望。

如此，越是懂得多的，越是胆小，不敢妄言妄行，因为他的知识和阅历告诉他，普天之下，藏龙卧虎，行走其间，稍有不慎便要贻笑大方；倒是无知者无畏，站在巨人脚下手搭凉篷，目及之处，不过三尺，却以为自己只手可以捞月，一叶障目而勇胆横生。

项羽“艺高人胆大”，结果却落得美人帐下死，乌骓啸西风；关羽“艺高人胆大”，就算被后世尊为武圣人，也免不了生前被枭首的命运。所以，所谓的“艺高人胆大”，很多时候，“胆大”是坑人的陷阱，“艺高”是蒙你的错觉。若说“艺高”是拼杀出来的荣耀，则“胆小”方是取胜的王道。

美文赏析

有一句俗话叫“艺高人胆大”，作者却反其道而行文立意，围绕着“艺高人胆小”进行构思，通过生动的事例说明这个道理，很是令人信服。语言简洁有力，结尾点题。

为做出最好味道做减法

李　静

在日本有一家奇葩的面包店，只卖两种面包，一周只营业三天，却门庭若市，一年有七百多万元人民币的收入。这看似不可思议，而成功的秘诀却是店主平田遥为面包店做的两次减法。

2009 年，平田遥的丈夫工作调动，她只好跟着他从东京搬到了长野县东御市。为了打发时光，平田遥在自家的院子里开起了面包店，并取名为“特意”。在这偏僻的乡村突然出现了一家面包店，而且味道香甜，很快“特意”就风生水起。她的生活变得充实了，可她也像是陀螺一般根本停不下来，每天都会很早起床，然后一直忙到凌晨。

过了一段时间，平田遥发现自己力不从心，不仅身心俱疲，就是面包也没有以前随意烤制的好吃。为了保住面包原有的味道，她决定减掉大部分品种，只把留下的两种面包做精细。

品种变得单一了，前来买面包的顾客因为自己爱吃的那种被减掉了，也就不再来光顾了。

时间不再像以前那般捉襟见肘，平田遥就利用空闲的时间研究如何让仅存的那两种面包更加美味。思来想去，她决定舍弃电烤炉，而是在自家搭建了一个用柴火烤面包的传统烘焙炉，还把房子重新改装，将客厅、餐厅和厨房设计为可以营业的空间，并在墙壁上涂上硅藻土，换上了隔热的防火材料，还精心设计了物件摆设。顿时，这个兼具面包房的家焕然一新。

从那时起，平田遥的生活又有了翻天覆地的变化。她每天依然会很早起床，往烘焙炉里添满柴火点燃，等待升温时，她会将面揉好等待发酵。

等面团发酵好，炉内的温度也刚刚好时，才把面团放进去烤制。

很快，屋内就弥漫着烤面包的香气，这种用天然酵母慢慢发酵，用柴火慢慢烘焙出的手工面包，有着和其他面包店不一样的柔软和弹性。正是这独特的口感，为“特意”带来了很多回头客。没过多久，平田遥家门外又出现了排队买面包的场景，而且经常供不应求。

就在食客都以为平田遥会借此机会开几家分店时，她竟然宣布面包店一周只营业三天。没有人能理解她的急流勇退，更没有人知道，不营业的时间她在做什么。其实她在利用那些时间去拜访周边手工匠人的手作店，跟他们学习如何将一件手工艺品精细地打造出来。

虽然只有两种面包，但平田遥却像打造不同的手工艺品一般精心烤制。令她没想到的是，她的“特意”里有味道独特的面包的消息不胫而走，竟有食客不远万里慕名而来。每周只卖三天，可一年却卖了七百多万元人民币。

经常有人问平田遥，为什么她的面包店总是在做减法，如果增加面包的品种，再改为二十四小时营业，那么她一年的收入或许会更加可观。每每此时，平田遥总是边摇头边说：“我只想做最好的面包，而不是最多的面包。因为做面包就如同匠人打造一件手工艺品一般，同样需要专注，只有专注才能做出最好的味道。”

美文赏析

在这个物欲横流的时代，很多人都希望爆红赚大钱，而有的人却放弃更为可观的收入，在以做减法的方式经营着面包店，这样的行为充分诠释了“最多”和“最好”的意义。最多的产品、最多的收入，并不等于最好的味道，味道好才是面包店的灵魂，才是最可观的财富。

苹果的欲望

李景新

1806 年春天的一个下午，一条奇怪的，由一对挖空的原木捆扎成的粗糙双体筏，顺着俄亥俄河懒洋洋地顺流漂下。一个船斗里躺着一个三十来岁的、皮包骨头的瘦小男人；另一个船斗里，苹果种子堆积如山，为了躲避烈日，都被很小心包裹上了泥土和苔藓。

这个在独木舟中打盹的家伙，就是俄亥俄鼎鼎大名的“苹果佬”约翰·查普曼。

哈萨克斯坦的山区森林里，生长着一种野生苹果树，秋天到来，一片芬芳。丝绸之路从这里穿过，络绎不绝的旅行者捡那些个头最大、味道最好的野苹果解渴，果核一路上被随手丢弃，然后它们就自由地发芽、生长、开花、结果，然后再和那些相邻的植物，比如欧洲蟹状苹果杂交，最终在亚洲和欧洲各地产生了数不清的千奇百怪的苹果品种。

但是，这些苹果几乎是没法吃的，“够酸的了”，梭罗曾经写道：“让一只松鼠在它的边上咬一口，它都会尖叫一声。”因为从一颗种子长出来的苹果会成为一种野果，与其“父母”类似的地方很少。任何想得到可以吃的苹果的人，都要种嫁接过的苹果树苗。所以，这些苹果的最终用途，就是用来酿造那种烈性的苹果酒。

可以毫不夸张地说，查普曼用这条小船，往荒野僻壤载去了整整好几座果园。他走到哪里都大受欢迎的原因之一，就是把造酒的礼物带到边疆——否则，在人们已经可以买到嫁接的、果实甜蜜的苹果树苗时，他怎么可能靠着卖让人酸得吐唾沫的东西谋生呢？建立一个约翰·查普曼所培育出售的那种种子树苗的苹果园，如果只需要一个理由的话，那就是它醉人的饮用收获。

另外，还有一个很重要的原因，那就是荒凉的美国西部边疆正待开发，迫切需要自耕农们自愿留下来，把茂密黑莽的丛林变成适合人类居住的家园。一棵正常的苹果树需要十来年的时间才能结果，一座果园就是持续定居下来的标志，因此，西北边疆的土地使用许可特别要求：居者要“种植至少 50 棵苹果树”。所以，即使查普曼的苹果树苗从不嫁接，即使这些树苗绝大多数结出让人酸倒牙的小秕果，但是由于他开出的极其低廉的价格，自耕农们也几乎别无选择。

不过，我想，即使没有法律的硬性要求，人们也还是会买他的苹果树苗的。因为在每一个人的心里，都隐藏着一种对于“家园”的恒久渴望。一座果园，标志着一列列整齐的树行，以及它们开花时候的茂盛，结果时候的芳香。当开拓者走出自己家门，到很远的地方拓荒，它会成为他们心底最柔软的那根琴弦，和放不下的回归的渴望。

而且，两百年前，人们不知道糖，要想得到有关“甘甜”的体验，只能靠果肉来提供。这就是苹果提供给查普曼时代的美国人的东西。苹果来到北美洲，虽然有的树冻死了，有的遭到病虫害的围剿，但总有一些活下来，有了抗体，适应了这里的气候，虽然它们结出的是又小又酸的果子，但是，在没有糖的年代，它所意味的，就是如假包换的“甘甜”。

就这样，查普曼卖出了他的三十万株没有嫁接过的种子长成的苹果，在整个美国的中西部开创了苹果的黄金时代。

这是迈克尔·波伦在《植物的欲望》一书中，所描画的苹果扩张的全过程。

在这里，我们看到的是一个植物与人互相利用对方的神话，每一方都在利用对方做自身做不了的事情。在这种合作中，双方都得到了改变，从而改变了他们共同的命运。查普曼到最后是作为一个流浪着的富翁去世的；美洲得到了查普曼带去的苹果，就此把荒野永久性地变成了家园；而苹果，苹果得到了什么呢？它得到了一个黄金时期：有数不清的新品种，半个地球成了它的新的生长地。

所以，在这场配合默契的舞蹈中，苹果绝对不是一个被动者，它非常主动热情地参与到了自己的驯化过程当中——它非常急切地想和人类做交易，来扩大自己的地盘。

苹果就这样利用人们的欲望走出哈萨克斯坦的森林，穿越欧洲，到达北美海岸，最终进入约翰·查普曼的独木舟，然后遍地开花。它们诱惑，它们哄骗，它们奉献甘甜，它们一步步引导人类，去实现自己的欲望。

你看，植物就是这么聪明。

实际上，与其说我们驯化了小麦和玉米，不如说，这些草本植物利用人类打败了大森林。蒲公英、牵牛花、莜麦菜、玫瑰……所有这些植物，都在诱使我们去为它们做它们自己做不了的事情。

这个世界除了可以说成“我们”的世界，也可以说成是蚂蚁的世界，杨树的世界，月季花的世界，马铃薯的世界，苹果的世界……

就是这样。苹果的欲望，树木的欲望，飞鸟的欲望，一只猫的欲望，人类的欲望，整个世界就这样在欲望交锋中此消彼长，所有的种子都想发芽，所有的萌芽都想长大，所有的客体都想变成主体，如史铁生所说，亿万种欲望拥挤摩擦，相互冲突又相互吸引，纵横交错成为人间。总有一些在默默运转，总有一些在高声叫喊，总有一些黯然失色随波逐流，总有一些光芒万丈彪炳风流，总有弱中弱，总有王中王……假如我们不能彼此和谐，就只有互相灭亡。

美文赏析

本文用大量篇幅写了苹果的扩张过程，借此来说明植物是怎样扩张的。由植物的扩张写到了整个世界的物种为了自身扩张所造成的冲突，最后得出结论：假如我们不能彼此和谐，就只有共同灭亡。文章主题深邃，选例精当，语言有极强的感染力，发人深省。

生命的三分之一

邓　拓

一个人的生命究竟有多大意义，这有什么标准可以衡量吗？提出一个绝对的标准当然很困难；但是，大体上看一个人对待生命的态度是否严肃认真，看他对待劳动、工作等等的态度如何，也就不难对这个人的存在意义做出适当的估计了。

古来一切有成就的人，都很严肃地对待自己的生命，当他活着一天，总要尽量多劳动、多工作、多学习、不肯虚度年华，不让时间白白地浪费掉。我国历代的劳动人民以及大政治家、大思想家等等都莫不如此。

班固写的《汉书·食货志》上有下面的记载：“冬，民既入；妇人同巷，相从夜织，女工一月得四十五日。”

这几句读都来很奇怪，怎么一月能有四十五天呢？再看原文底下颜师古做了注解，他说：“一月之中，又得夜半为十五日，共四十五日。”

这就很清楚了。原来我国的古人不但比西方各国的人更早地懂得科学地、合理地计算劳动日；而且我们的古人老早就知道对于日班和夜班的计算方法。

一个月本来只有三十天，古人把每个夜晚的时间算作半日，就多了十五天。从这个意义上说来，夜晚的时间实际上不就等于生命的三分之一吗？

对于这三分之一的生命，不但历代的劳动人民如此重视，而且有许多大政治家也十分重视。班固在《汉书·刑法志》里还写道：“秦始皇躬操文墨，昼断狱，夜理书。”

有的人一听说秦始皇就不喜欢他，其实秦始皇毕竟是中国历史上的一个伟大人物，班固对他也还有一些公平的评价。

这里写的是秦始皇在夜间看书学习的情形。

据刘向的《说苑》所载，春秋战国时有许多国君都很注意学习。如："晋平公问于师旷曰：吾年七十，欲学恐已暮矣。师旷曰：何不秉烛乎？"

在这里，师旷劝七十岁的晋平公点灯夜读，拼命抢时间，争取这三分之一的生命不至于继续浪费，这种精神多么可贵啊！

《北史·吕思礼传》记述这个北周大政治家生平勤学的情形是："虽务兼军国，而手不释卷。昼理政事，夜即读书，令苍头执烛，烛烬夜有数升。"

光是烛灰一夜就有几升之多，可见他夜读何等勤奋了。像这样的例子还有很多。

为什么古人对于夜晚的时间都这样重视，不肯轻轻放过呢？我认为这就是他们对待自己生命的三分之一的严肃认真态度，这正是我们所应该学习的。

我之所以想利用夜晚的时间，向读者同志们做这样的谈话，目的也不过是要引起大家注意珍惜这三分之一的生命，使大家在整天的劳动、工作以后，以轻松的心情，领略一些古今有用的知识而已。

美文赏析

作者举了政治家、思想家、妇人的例子，来证明时间的价值。他们都利用夜晚的时间来工作，从而实现生命的价值。我们也应该像他们一样，充分利用晚上的时间，来把我们的生命加长三分之一。文章条理清晰，议论丝丝入扣，特别有说服力。

第四辑
总是后来才明白

不听老人言，吃亏在眼前。为什么非要亲身经历之后，才能懂得吃一堑长一智的道理呢？为什么总是以青春和健康为代价去换取教训呢？其实，我们每个人都是这么懵懵懂懂地走过来的，都是在一个又一个的悔恨中恍然大悟的。这可能就是人性的一个弱点。

总是后来才明白

王　爽

上学的时候，我们不用功学习，课堂上老师讲的课，没几个同学认真听，整天想的就是玩儿。

“少壮不努力，老大徒伤悲”，“少年不知勤学苦，老来方悔读书迟”，这些名言总是挂在老师嘴边，我们听了只当耳旁风。父母让我们好好学习，我们也不屑一顾。

1977年恢复高考，那些学习比较好的纷纷考上了大学。当时人才奇缺，赶上在待业青年中招考教师，刚初中毕业的我也报了名。结果大多数考生成绩都不好，满分400分的考卷，最后录取线降至120分。就这样我幸运地榜上有名，成为一名国家专任教师。

回想当时，就业的机会太多了，可那些不用心学习的人，在机会面前都傻了眼。此刻他们明白了学习的重要，但为时已晚。

因为上学早了两年，小时候常挨欺负。当长到了十四五岁时，个子长高了，胆子就大起来，也敢“惹事”了，尤其看不惯那些以大欺小、以强欺弱的人。在外边遇到不公平的事，我一定站出来打抱不平……那些年每当我出门前，母亲总是絮絮叨叨地嘱咐：人家说话你少搭言，人家打仗你少上前；骑自行车要慢点儿，横过马路要先看好路；不要偷东西，不要贪小便宜……

对母亲的絮叨，我心里只有一个字：烦！

后来，当我自己有了孩子，却也开始像当年母亲那样，担心这方面，嘱咐那方面，把孩子弄得直发烦。这时我才明白，母亲的絮叨其实就是爱。

奶奶在世时总是告诉我们，在外边玩热了要等回到屋再脱衣服，免得凉风吹着；身上有汗不要待在窗口，容易受风……我嘴里应着，却全然没有往心里去。

有一年冬天，在外地看押一个犯罪嫌疑人。我与队友倒班休息时，忘关了里层的窗户。当我第二天早上醒来，两条腿却站不起来了。经诊断是风湿性关节炎，受风着凉所致。虽然经过多方治疗，我又重新站了起来，但从此两条腿大不如从前，也告别了篮球场。每逢阴雨天，膝关节便有痛感。

痛定思痛，我蓦然发现，冰冻三尺非一日之寒。小时候在炎热的夏天，用帽子兜着冰凉的水就往头上扣；室外打球累得大汗淋漓，找个树荫下吹风……这些可能都是致病的因素。现在明白了，可病根却落下了。

每当春季里乍暖还寒之际，常看到一些女孩子早早穿起裙子，把大腿暴露在外。美是美了，可病因隐藏下来了。这时若有人劝告，她们肯定听不进去。只能等她们年龄大了，风湿性关节炎找上门来的时候，她们才会明白，然后再用自己的切身之痛，去劝告她们的下一代。

不听老人言，吃亏在眼前。为什么非要亲身经历之后，才能懂得吃一堑长一智的道理呢？为什么总是以青春和健康为代价去换取教训呢？其实，我们每个人都是这么懵懵懂懂地走过来的，都是在一个又一个的悔恨中恍然大悟的。这可能就是人性的一个弱点。

美文赏析

作者以回忆的笔触再现了年少时的“叛逆”、不听话，罔顾老师的劝诫，父母亲人的絮叨，结果却都因为不听话招致了苦果。质朴的语言中渗透着对生活的真知灼见。我们平时还是要多听听这些话的，免得落得“后来才明白”的结果。

雪花是暖暖的

李良旭

家长会结束了，我和同学王大治赶紧向校门口跑去。大治的爸爸出来了，只见他脸色铁青，看到儿子，一言不发，对着大治的头就是狠狠的一巴掌。大治被打蒙了，傻愣愣地望着爸爸。只听到他爸爸怒吼道：“蠢驴，只考了全班第三十二名，给老子丢尽了脸！”

大治用手捂着头，吓得头也不敢抬，大治的爸爸边走边对大治训斥道：“看我回家怎么收拾你！”大治耷拉着脑袋，丧魂落魄地跟在他爸爸身后，像霜打了似的。那孤单的身影，落满了失落与怅惘……

不知怎的，看到大治爸爸凶巴巴的样子，我心里一阵痉挛，我下意识地摸着自己的脑袋，好像自己被打了似的，有点生痛的感觉。

我一抬头，看到爸爸走了过来，我的心一下悬了起来。爸爸抚摸了一下我的头，亲切地说道：“等急了吧？”

我紧张兮兮地问：“我考了多少名？”

爸爸笑道：“你问这个干什么？这个对你很重要吗？”

我小声地嘀咕道：“我考得不好，肯定让您丢脸了。”

爸爸一愣，他用手刮了我鼻子一下，含嗔道：“傻孩子，小小年纪，怎么还有这样的思想包袱？在爸爸眼里，你就是最棒的！”

望着爸爸温柔的目光，我的眼泪一下流了下来……

天空飘起了纷纷扬扬的雪花。我们父子俩一起往家走去，雪花落在我们的头上、身上，寂静无声。爸爸在路边小摊上，给我买了一个热气腾腾的烤白薯。吃着香喷喷的烤白薯，我心里暖洋洋的……

我终于知道，那次考试，我只考了第三十三名，比王大治还差一名。但是，爸爸对我的成绩排名好像一点没放在心上，也没有感到有什么丢脸的地方。爸爸那句“在爸爸眼里，你就是最棒的！”我想那就是我在爸爸心目中的排名。

我暗暗铆足了劲，加倍用功，努力学习，内心里，似乎有一股激情在熊熊燃烧。我的学习成绩在班上排名不断靠前，但我对这排名一直看得很淡，在我心中一直有一个排名，那就是我在爸爸心中的排名，因为爸爸说过，“在爸爸眼里，你就是最棒的！”

我发现，王大治的精神状态一直不太好，他变得沉默寡言，形单影只。不知怎的，看到他，我常常就会想起他爸爸凶巴巴的一巴掌打在他头上的情景，我不知道那天回家，大治是怎么被他爸爸“收拾”的……

中考时，我投入到紧张复习中。一天放学，路过一处建筑工地，忽然，我看到一个瘦弱的身影，正一身泥浆，用铁锹搅拌着砂石。这不是王大治吗？

我走过去喊了他一声，王大治抬起头，看见了我，脸上露出惊喜的光芒。那光芒稍纵即逝，一下黯淡下来。我惊讶地问：“你怎么在这干活？”大治木讷地说：“我不上学了，我爸爸一直说我是一头蠢驴。看来我这头蠢驴，只能早点在这工地干活了。”

我突然有一种想哭的感觉。他被他爸爸“收拾”的结果竟是这样的……

我在作文里写过这样一句话：“那个雪花纷飞的午后，雪花落在了我的脖颈里，我感到那雪花是暖暖的，因为爸爸对我说的那句‘在爸爸眼里，你就是最棒的！’一直在我耳边回响。这是最有力量，也是最激动人心的排名。”

美文赏析

在人们心里，雪花是凉的，怎么会是暖的？原来，爸爸对孩子的教育是潜移默化的，他的那种宽容、开明的教育方法，让孩子一下感到雪花是暖暖的。文章通过两个父亲对孩子的不同的教育方式，以及两个孩子不同的结果，说明一个道理，对孩子要宽容、信任，而不是动辄打骂、棍棒加身，把孩子的自信心打击得七零八落，而误了一生。

开开心心，砍柴挑水

王登华

一个天才少年，却在高考前夕罢考，不肯迈出房门，喃喃自语，在房间里大喊大叫，见神见鬼，胡言乱语。吓得他父母要死。

父亲把他带到心理分析师那里就离开了，少年和心理分析师觌面相对。

他居然开始对心理分析师做分析："你的性格看上去外向，实际是内敛。"他拿起手边一本书，"你看，你读书的时候乱折页脚，但是，你的书里很干净，不在书里乱画重点或者批注什么东西……"

——他分析的和评判的，都特别有道理。这个孩子太聪明了。

心理分析师也不客气，猛戳他心窝子："你进房间第一眼注意到的是书，说明你很爱读书；仅凭一本书就能推测出我的个性，说明你很聪明。但是，你的聪明又只是小聪明，因为你并不知道真正的生活是什么样子。你嘴里说的见到的鬼呀怪呀什么的，都是扯谎，什么长头发女鬼、穿着白衣服、吐着长舌头之类，一点创意也没有，一看就是从那种小破书上看来的。你看了许多书，你知道字面上的'亲情''友情''爱情'是什么意思，知道字面上的'绝望''恐怖''无奈'是什么意思，但是，你并没有真正经历——你没有真正的生活。"

少年愣住了。此后一个多小时的时间，两个人相对沉默，直到少年的父亲来接走他。

第二天，第三天，每天少年都如期而至，沉默地和心理分析师对坐几个小时。终于，这天，少年一来就迫不及待开口，想和心理分析师交流。第一天他可一直都是高傲而抗拒的姿态。心理分析师说："你对你的父母不满，对不对？”

少年一愣：“你怎么知道？”

“你的父母快因为你现在的状况急疯了，可是你一点都不觉得抱歉，而且还很开心。以前你那么优秀，他们为你骄傲，老师也为你骄傲，都比不上你这时候开心。”

“是的，”少年说，“我老是被老师动员着，被爸爸妈妈鼓励着，参加各种各样的竞赛。他们根本不问我愿不愿意，就替我做了决定。我不去，爸爸妈妈就反反复复说，这是学校对我的期望，我也要为自己争光，也要为爸爸妈妈争光。”

于是，他都记不清从小到大，自己背了多少不感兴趣的东西，解了多少不感兴趣的习题。同学们都羡慕他，也都疏远他。放学后，别人都成群打伙儿去玩，只有他一个人留在老师的办公室，做着做不完的习题。所有老师都喜欢他、宠着他，给他买雪糕、买汽水，可是，他更想和小伙伴一起到田野里去飞，到运动场去玩，可是不行，父母和老师都不许。他们不让他看闲书，不让他玩篮球、足球、乒乓球，什么都不让，整天就是让他学习，学习，学习。他们不停地跟他说：“你前途无量，你是天才。”却没有人愿意知道天才喜欢什么东西，做天才什么感觉。

少年泣不成声：“我真的不想当什么天才，我想要我自己的生活，想过我喜欢过的日子。”他努力忍耐，终于号啕大哭，声嘶力竭：“他们剪掉我的翅膀，却又要我拼命飞！”

他哭得撕心裂肺。长久以来，他都被当成一个小天才，如今，他是一个普通的小孩。

这个故事让人心痛。

做自己想做的自己，还是做别人愿意看到的自己，是一个永远的难题。我们皆凡人，既难以明了自己的心意，又容易被掌声和鲜花淹没了真正的自己。孩子纯真之心未失，容易看清自己，尚且被一些看上去美好的期待蛮横地“欺压”成了这个样子，更何况壮盛之年的人，既有野心，又有诱惑，于是把真正的自己当成故事里的小孩，强拧着他走上不想走的路，过起不想过的日子，最终不是崩溃，就是任他在黑暗里哭泣，痛彻骨髓。

有一句话讲“悟道之前，砍柴挑水；悟道之后，砍柴挑水”。悟道之前，砍柴挑水，或许抱怨活脏苦累，或许期望凭着砍柴挑水得道升天；悟道之后，砍柴挑水就是砍柴挑水，是自己喜欢的生活方式。自己选的，活脏苦累不嫌弃；得道升天不期待，昨日不悔，明日不追，只想要此时此刻，开开心心地，砍柴挑水。

这大约是最人性化的方式：过自己喜欢过的生活，做最喜欢做的自己。哪怕普普通通，哪怕是真的砍柴挑水，会流汗，不会流泪；纵然流泪，也是因为喜悦。

美文赏析

这是一篇适合给父母读的文章，提醒做父母的不要剪掉孩子的翅膀，然后希望孩子高高翱翔。父母的期望和孩子的愿望往往会形成一个残忍的剪刀差，这种剪刀差会剪断孩子的翅膀，让孩子痛不欲生。还是激发孩子内在的向上力量吧，这样孩子哪怕辛苦，心里也是喜悦的。

相对安然

古保祥

他是一个出类拔萃的孩子，成绩佼佼，尊敬师长，心细如发。怀孕的数学老师上完课，推开教室的门，外面雨声哗哗，他是唯一一个主动打伞送老师的学生。

这名一度只争朝夕的学生，突然间看破红尘，决意隐遁尘世。

母亲眼泪汪汪，他却锁了门，关了心，从此后，执意寻找方外之地。

翻看他的日记，全是关于他人的是与非，连老师有时候不经意间的一句唏嘘，他也会耿耿于怀，一次考试不好，他便顿足捶胸。

他的父亲是一个喜欢安静的老师，这次却破门而入，直截了当地问他："你想去哪儿？寺院还是道观？我陪你去。"

谁也没有想到，他的父亲竟然真的收拾了行李，带着他去了安徽某座山某座庙，人家当然不收，没有办法，在山林深处，他们搭一间草房，父亲每天外出打柴，孩子每天看书消闲。

本以为天下太平，每天山花烂漫、鸟语花香，孩子不该烦恼了，可是，孩子依然烦，看不进书，讨厌鸟儿的一嗔一笑。

父亲又是直截了当地问："还想去哪儿？难不成去一趟少林？"

于是他们又收拾行装，直奔嵩山，住在山深处的一户人家。这次父亲直接回了老家，只留下孩子一人。

半个月后，孩子打来电话："爸，我想上学。"

所有人不明就里。辍学三月后，孩子重新回到课堂。老师问他，推了推眼镜，他回答："世上并没有绝对的安然。"

什么原因让孩子重新回到现实中？无它，他想安然，可是，坐在深山里，他的心依然沸腾如海，所以，这世上并没有绝对的世外桃源。

没有人不渴望淡雅，所有人都想沏一杯茶，晒一下阳光。生命总要赐予你事情去做，你真想闲，闲下来后，你却开始向往忙。

身处繁华，抑或生在穷厄，都是人生的某种零乱，日子切成片段后，每段都是清香，都是幽静。

心乱了，世界便一团糟。

心静了，人生才会无恙安然。

美文赏析

文章题目是“相对安然”，生活中并不存在绝对的安然，心浮气躁，到哪里都是嘈杂；放平心态，哪里都会安静。那份安静闲适的心情并不依赖于外界，而是在于自己对待事物的心态。本文充满辩证的哲理与智慧，向我们揭示了一个既清浅又深刻的人生道理。

出类拔萃的秘密

厉彦林

那是深秋时节。那天，宿舍院里的园丁师傅正忙着把小竹林四周刨开，逐一斩断竹根，刨出近半米深的沟，用砖垒砌围堵竹根的砖墙。我蹲在一边帮助整理刨出的竹根，观察和闲聊。他口里念叨着："要不抓紧围截，明年这周围全是竹子了。"

十年前，搬进位于城郊的新宿舍时，门外的这片竹子刚栽上。长得干干巴巴的，既无生机，又少灵气，我真担心栽不活。

谁知道，仅几年的工夫，这簇竹子潇洒地长起来了。开春那竹竿由枯黄变成草绿，冒出淡黄稚嫩的芽尖。盛夏撑一片翠绿，秋冬依然挥舞着生命的绿手掌。清晨，我走在院内的石径小路上，竹林里传出啁啁啾啾的鸟鸣声和麻雀的打闹声，真有几份"采菊东篱下，悠然见南山"的雅气与情趣。

竹子是草本的常绿植物，靠窜根繁育生长，喜欢温和湿润的气候，主要生长在南方。被历朝历代文人墨客称颂，既有高风亮节品格，又有婆娑绰约的神韵，既虚怀若谷，又具奉献精神。鲜嫩的竹笋能够做成美食，身躯可以做成竹筏、编成竹篮竹筐供人们装菜盛米。即使再细的竹条，也可以扎成扫帚清扫尘土。苏东坡有："宁可食无肉，不可居无竹。"

我国北方地区缺少常绿植物。上世纪 60 年代末，山东等地南竹北移成功，竹子被移植在山地、水源、沟渠、田边、路旁，大大改善了自然生态环境。品种多是早园竹、淡竹、斑竹等。

我见证了这簇竹子的生长过程。栽植的前三年没看出生长，到了第五六年雨季过后，周围的土皮被拱出了裂缝，地上竟然冒出手指粗黝黑的笋芽，咧开小嘴喝着雨水，每天能蹿半掌高，到秋季竟然已长到三四米高，成为竹林中的长子。新竹生长之后，它周围方圆几米内的其他植物好像停止了生长。我询问园丁师傅，原来新栽的竹子前三年不是没长，甚至没少长，只不过是以一种不易被人们觉察的方式在地下长根。根憋着劲，把根系在地下向四周默默铺开。这也是竹子只要栽上大地，很少枯死的缘由。经过三年多的地下生长，一株还未向上发芽的竹子，根已经在地下伸展了十多米，真可谓“博大精深”。有时一整片竹林实际上是根连在一起的“一棵竹子”，地下的茎根盘成一个疙瘩，分不清头尾。竹根悄悄“侵占”了周围其他植物根系的发展空间，“虹吸”了其他植物生长所需的水分和养料。当新竹开始蹿芽生长时，就势如破竹，周围的各类植物都望尘莫及，新冒的竹笋如少女般亭亭玉立，翠绿而空灵。

《诗经》曰：“瞻彼淇奥，绿竹猗猗。”夏日走进这簇竹林，稀疏中透出旺盛的凝聚，干瘦不失挺拔的气节。竹竿密密匝匝，竹叶婀娜多姿，阳光照耀在竹竿和竹叶之间，被风吹得斑驳陆离。成群的麻雀翻飞着，戏闹着，欢唱着隐秘地生活在这片小竹林，夜晚就睡在竹枝上。我在夏日散步时，曾看见一只刺猬在石板小路上大摇大摆，拖儿带女地步入这片小竹林。

我仔细观察竹林里当年冒出的新竹，深秋时大都高过往年的旧竹。那日我仔细询问园丁师傅，他擦拭一下额头上的汗珠告诉我：“竹子扎根三年不起身，憋着劲布根，为后代积蓄能量。笋芽一旦破土，就底气十足，高过老竹子啦。”新竹继承先辈遗传的秉性、耐性与骨气，脚踏实地，先发达根系，再破土发力、拔节蹿高。远处，一对年轻夫妇正守护着孩子，蹦蹦跳跳地去上学，童稚的笑声栖落竹林和我的心灵。

“雨后春笋”比赛似地钻出地面，有粗有细，有高有矮。褐色的笋芽披着细绒毛，顶着露珠，周身充满力量。几天工夫，就出类拔萃，抬头才能望见梢尖……

人的成长，也应学习竹子的耐性，先脚踏实地，发达根系，再破土发力，拔节蹿高。

美文赏析

歌颂竹子的文章有很多，此文从与园丁师傅闲聊开始，从这簇竹子的成长过程到探究拔节蹿高的秘密，“经过三年多的地下生长，一株还未向上发芽的竹子，根已经在地下伸展了十多米”。然后从竹子联想到“人的成长，也应学习竹子的耐性，先脚踏实地，发达根系，再破土发力，拔节蹿高”，升华了文章主题。

白菜开花似牡丹

落　梅

秋风萧瑟，草木摇落。

冷。凉。

收白菜。

一个画家朋友包一百亩的土地，分割成块，再分包出去，供人们体味种菜之乐。朋友大发慈心，赏我们一块地，如给小孩子一片纸，又提供菜籽如同纸笔，供我们写写画画，随意涂鸦。

我们涂的是白菜和萝卜。

胡兰成其人飘宕流离，如同水银，其文却绣口锦心。爱看他的《今生今世》，又喜爱那里提到的一个人，步奎，因其看世界别有一番喜悦与不争的情致，又如幼儿看天地，眼眸清亮如水，所见时常出奇：

“温中教员宿舍楼前有株高大的玉兰花，还有绣球花，下雨天我与步奎同在栏杆边看一回，步奎笑吟吟道：‘这花重重叠叠像里台，雨珠从第一层滴零零转折滚落，一层层，一级级。’他喜悦得好像他的人便是冰凉的雨珠。还有是上回我与他去近郊散步，走到尼姑庵前大路边，步奎看着田里的萝卜，说道：‘这青青的萝卜菜，底下却长着个萝卜！’他说时真心诧异发笑，我果觉那萝卜菜好像有一桩事在胸口满满的，却怕被人知道。秘密与奇迹原来可以只是这种喜悦。”

如今成熟，将要收获，数行白菜与短短一行的萝卜挤挤种着，看着青青的萝卜菜，想到的便是曾经活在世上，只在这本书里被提上一笔的这个清透如同雨珠露珠的人，顿时觉得萝卜果真是满怀的心腹事不肯对人明言呵。

白菜用细绳把叶片松松拢着，外面的大叶子把里面白白的嫩叶子包裹住。两手搂菜，一旋，两旋，根断茎离，一棵白菜就被满满抱在怀里。一个，两个，朋友们拧得，旋得乐不可支。旁边不知是谁的菜园，起的名字叫个“吃不清”，十分挑衅，于是我们便去偷偷拔了一棵大白菜和一根大萝卜，替他们吃一点。

偌大的百亩园，成排成阵的大白菜，到处都是收菜的人，手上沾得有泥，鞋底踩的是黑土地，那一刻整个人都厚重起来，好像接通了几千年农耕文明的地气。

然后就看见了那朵菜。

不成材。

散叶片片铺展开，开成一朵牡丹花的模样。

绿牡丹。

层层叠叠的瓣，午后秋日的阳光淡暖淡金，照得它莹透如同翠玉，脉络丝丝精致得不真实——你一棵大白菜长成牡丹花的模样到底是怀着怎么样的一个心思?

收毕白菜，晚上赶去市里聆听一位老先生的教诲。先生姓董，七十余岁，大名子竹，念通四书五经，勤于布道讲学。和七七八八的人坐在他的房间，听他讲论人心，说世界上绝对的公平、公正、公开的大同世界其实很难存在，真正的天堂是人人都能够在他自己的位置安居乐业，我贸然插了一句嘴：“各安其位。”老先生说：“对，各安其位。”

可是很难。

人从来都是得陇望蜀，这山望着那山高是常事。好在所谓的安于其位和安居乐业，一个“安”字，一个“乐”字，说的无非是一种精神境界。不去削尖脑袋钻营，不去左踢右踹竞争，不去损人只为肥一己之私，而是像颜回一样，一箪食一瓢饮，精神上无限满足与喜悦。安，是安于物质，乐，是乐于心灵。

我的小孩是一个比较普通的小孩，日前开家长会，代表学生发言的没有她，上台表演节目的没有她，她的同窗，好友，宿舍的好姐妹都一个个上台，她在台下是那个一脸兴奋地鼓掌的人——一个被边缘化的好小孩。家长会散了之后，她拉着我，去看教室的外墙，上面都是学生们的涂鸦，里面有一圈一圈的彩色泡泡，还有一颗大大的镶金边的红心，她拉着我的手："妈，妈，这是我画的。"

我拿出相机，认真拍了下来，就像在教室里拍孩子们唱歌的时候，我拿相机扫遍全教室，然后认认真真拍她专注聆听的侧脸。妈妈在，妈妈爱她，关注着她。牡丹是花王，吸收了世界上生生世世恒河沙数以千亿计的目光。世上的普通人千千万，就像栽种在泥土里的成排成阵的大白菜，他们也都有一棵想要长成牡丹花的心啊。

"步奎近来读莎士比亚，读浮士德，读苏东坡诗集与宋六十家词。我不大看得起人家在用功，我只喜爱步奎的读书与上课，以至做日常杂事，都这样志气清坚。他的光阴没有一寸是雾数糟蹋的。他一点不去想到要做大事。他亦不愤世嫉俗，而只是与别的同事少作无益的往来。"

这就是我喜欢这个步奎的原因，因他不钻营，他普通，但是志气清坚，好比白菜开花似牡丹。我只愿世上众人以及我的小孩，都如这个步奎平常而又清贵，那么，这颗安居乐业与各安其位的牡丹心，就算真正长成了。

美文赏析

文章从种菜写起，写到了地上铺展的白菜心绽开如牡丹花；然后又写到普通得像大白菜一样的人，也都有一颗牡丹花一样的心。做人的好境界难道不是像白菜一样平常而又像牡丹一样清贵吗？本文意蕴高远而行文平实，和读者之间很亲近，没有距离。

让儿子独立一回

凌鼎年

儿子真是争气，以全县高考总分第三名的好成绩被上海财经大学录取。

史工程师比当年自己考取大学要高兴得多，满脸的阳光，满脸的春色。

望子成龙，是中国人的传统。这些年来，儿子他妈真是费尽了心血。真可谓儿子读一年级，她也读一年级，年年这样陪着读陪着复习。

如今儿子是如愿以偿考取了大学，他妈却病倒了。

病床上的她念念不忘的是儿子开学在即，自己将不能亲自送儿子去大学，这叫她如何放心得下？她坚持叫丈夫无论如何要把儿子送到大学，安顿好了才回来。

史工程师更放心不下妻子，与妻子商量说："让儿子独立一回吧？"

"不行！哪能让儿子一个人去大学。再说这孩子你也知道，他能行吗？"

妻子的担心不是没有一点道理的。儿子长这么大了，没买过一回菜，没烧过一顿饭，没洗过一件衣，没拖过一次地，就连床也都是他妈铺的。自小到现在，从未单独出过一回门，就像鸡雏似的从未离开过母鸡翅膀的保护。而现在，猛一下就叫儿子一个人去经风雨见世面，她一百个放心不下。

史工程师开导妻说："儿子是去上海读大学，又不是去非洲探险，去神农架考察野人，不会有什么事的。常言道，到啥山，砍啥柴。让儿子独立一回有好处……"

几乎是磨破了嘴皮子，好说歹说，妻才十分勉强十分不愿意地不再持反对票，但她说了一句："就是我同意，儿子也不会同意的，人家父母都送，他父母不送，多没面子……”

简直是出乎意外，儿子很平静地说：“早该让我独立了。”

儿子去大学前一天，史工程师关照了又关照，诸如碰到意外情况立即找警察，安顿好后，先打电话回来，再写封详细的信……

儿子去了三天，没有电话，儿子去了七天，依然没有音信。史工程师夫妇急了，妻子要史工程师无论如何亲自去一趟学校。

正当史工程师准备去上海时，儿子的信来了。夫妇俩迫不及待地打开。不料随信纸带出的是一叠发票，共有：娄城至上海中巴车票一张、上海出租车票一张、大三元酒家餐费发票一张、新华书店购书发票一张。

另附纸一份，上注明：付搬运费、服务费、冷饮费若干、买饭菜票若干……

乖乖，不连学杂费，光这些额外开支，就好几千。

看了儿子信才知道，儿子这回过了下独立的瘾。他去上海时，不坐公共汽车乘中巴；到了上海后，打的去学校；到了学校后，花钱请人搬行李，乃至挂蚊帐铺床他都未自己动手。为了搞好关系，他买了一箱冰淇淋，凡那天在他宿舍的，不管是同学教师，还是同学的父母、朋友，一概由他请了。第三天，他又请同宿舍的到大三元酒家聚了聚……

史工程师看了信和发票，愣在那里，不知说什么才好。他妻子看了，一颗十五个吊桶七上八下般的心总算放了下来。她很欣慰地说：“我这儿子，是做大事的料！”

史工程师没有接嘴，他大概正在为如何为儿子回信而伤脑筋呢。

美文赏析

文中的儿子名为独立，事实上真的独立了吗？他仍旧是一切都靠钱来解决，既不知道稼穑之苦，也不屑于亲力亲为。所以这篇小说在于讽刺和警示。讽刺儿子的所谓独立，警示家长，不要事事包办代替。

红领巾的记忆

笃　行

四十年前，上到小学三年级才有资格加入少先队，每个孩子都渴望戴上红领巾——那是烈士的鲜血染成的，是五星红旗的一角。而那些戴着红领巾的大哥哥大姐姐，咋看都觉得精神抖擞，神采飞扬，更不会有一个戴红领巾的孩子违反纪律站在教室外面。不知道别人如何，反正我在进入二年级后，就对戴上红领巾有了强烈的渴慕——只要看见戴红领巾的孩子走过，总会目送其远去。

我也上三年级了，心里欢喜迫切得好像伸手就能扯个红领巾戴在自己脖子上。“六一”前，老师说，每个班可以有两名学生加入少先队，必须是各方面最好的。

我是多么希望自己能戴上红领巾啊。其实在此之前，我是“戴”过红领巾的，我哥的。他一回家，我就蹦着跳着闹着要戴他的红领巾。只是从不敢戴出大门，只是在没有外人进来时，在自家院子的后院里戴着走来走去。只能悄悄戴，被人看见感觉如同做了坏事。

班主任说，这两个人必须是你们自己选出来的，一直给大家做榜样的最好的学生。开始吧，每个人只能写两个人名。

握着笔，写谁呢?

比我学习好的，只有一个，那个叫卢培智的男生。老师的题还没有出完他的答案就蹦出来了，聪明而沉默，每次考试遥遥领先。而我，一直是没有悬念的第二名。我没有迟到过，也没有上课破坏纪律被老师罚站……两个人里应该有我的。如此想着，我就写了那个男生跟自己的名字。

班主任让学生帮忙当堂在黑板用写“正”字来统计票数。黑板上出现了六个人名，那个男生是票数最多的。我跟另一个同学票数相同，都是第二。班主任又说，我再征求一下其他老师的意见，看你们上课的表现，再决定谁更合适。老师还强调，上了黑板的都是很优秀的，这次没有戴上一定不能泄气……

我不知道那一轮我的胜出是否有后门的成分，我的母亲就是学校里的老师，我的班主任还是我母亲的学生。我却惭愧第一轮得益于我给自己投的一票，否则，就不会有机会。

是心里有鬼吧，总觉得自己不应该戴上红领巾，遇事常常问自己：我戴着红领巾，这事能不能做？

说真的，戴上红领巾后，我自个都觉得彻底变了一个人：文静起来了，为班里做啥事都毫无怨言，喜欢帮助同学，不会计较别人对自己的好坏……在家里也不再任性地顶撞大人。

真神奇，一条红领巾，竟然幻化为我成长路上自觉亮起的必须遵守的红绿灯！

记得刚戴上红领巾那天，晚上睡觉都舍不得解下来，在被窝里戴着红领巾。还是母亲以“在被子里会压皱红领巾的，那样明天就不好看了”为由，说服我解下来。解下来后就放在枕头边，入睡前我一直摸着它，满脸欢喜。

周末也戴，天再热都戴，走亲戚也戴，寒暑假都想戴，照相更得戴。那骄傲的神情，好像自己就是全世界最棒的孩子！

记得有一次割猪草，春草怂恿我：咱俩偷一窝红薯，在沟下面那个洞里一烤，咋样？说话间，春草还从兜里取出火柴给我看。我没有像往日那样立马响应，而是下意识地摸起红领巾。春草脸一红，弯下腰继续割起草来。

只是，从那以后，她再也没有喊我一道去地里了。

打心底里感谢那条红领巾，它提醒我抵制了很多类似的诱惑，在我很小的年龄里，才没有走太多的弯路。

那时没有卖红领巾的，就是参加少先队那天佩戴的那条，得戴到小学毕业，对红领巾的珍惜可想而知了。我们绝对不会为了方便把红领巾解下来坐在屁股下，也不会把红领巾变成斗鸡用的物件，更不会上学忘了戴红领巾。记忆里，从未见过谁到学校忘了戴红领巾。直到小学毕业，每个班不到十名少先队员，真的是成长中的骄傲。

后来入团了，团徽也一样让我骄傲。上大学了，校徽同样被我珍惜。红领巾，团徽，校徽，其实就是成长中守护我的一道道堤岸。

学会看守自己吧，哪怕只有“学生”的身份，哪怕只剩下“人”这个称呼。

美文赏析

红领巾的记忆，就是成长的记忆，在这一回忆中，细腻的心理展示极为成功。而戴上了红领巾后遇事总会先问自己：我戴着红领巾，这事能不能做？红领巾已经成了守护“我”成长的堤岸。正如作者感慨的，在人生中，一定要学会用一个个身份来看守自己，看守生命的本真。

半个苹果的悔

朱成玉

很小的时候，苹果树在我们这里极其罕见，方圆十几里，好像就我奶奶家有一棵。或许是水土不适，在我的记忆里，苹果树上每年只挂着几个零零落落的果实，个儿不大，却很香甜。在那个贫穷的年代，这几个苹果成了高档品，因为我是爷爷奶奶的宝贝疙瘩，附近的小朋友总是羡慕我一年能吃上几个苹果。

十岁那年，苹果树许是老了，整棵树上只结了一个苹果。因为这是唯一的一个苹果，所以我老是抬头看它——打我发现它的那一天起。我看着它慢慢长大，从青涩到微红，然后这红色一点点加深。其间我总是担心它会被风吹掉下来，或者被虫子蛀了，或者被小鸟吃了。

有个调皮的邻居小伙伴，比我大一岁，也许是嫉妒，也许是馋嘴，总不时拿石头去投那个苹果，于是我总跟他急，阻止他的暴行，并为此和他吵架。

非常庆幸的是，那小可爱一直好好地挂在那里，好像它本就该只属于我。直到红透了，我让大人摘下来，握在手里，闻着、亲着，久久舍不得吃，那香味是如此的清新甜蜜。也许因为这是唯一的，也许因为期待的时间太久了，所以才让我如此喜悦，如此爱不释手，所以那香味一直漫溢。

“能给我半个苹果吗？”那顽皮的小子不知啥时候冲到我前面，对我说，“一小半就行啊，我想让爷爷尝尝苹果的味道。爷爷生病了，躺在床上，他一辈子没吃过那么好吃的苹果呢！”

这可是我等了一年的苹果啊，我多少光阴都耗在守护它上面了，现在有人竟要和我分享这个苹果，我怎么舍得呢？可是他的哀求又让我无法拒绝。

好吧。我无比悲壮地做出了决定，把我的宝贝使劲地掰开，空气中瞬间弥漫着它的甜味。

我迟疑了一下，但还是把大的那一半给了他，他一边道谢一边接过来，刚转身走了没几步我就看见他迫不及待地偷偷咬了一口。

“你……”我顿时感到一种被欺骗的屈辱。

我看见他的脸红了，一边跑一边喊：“剩下的给爷爷吃，我就吃了一小口。”

他果然是骗了我，因为我看见他的爷爷正赶着牛车从我的门前经过，健硕的手臂使劲挥舞着鞭子，嘴里“驾驾”地吆喝着，声若洪钟。

从此，他见了我就浑身不自在。他是一个自尊心极强的人，我们在同一个小学上学，他比我高一届，学习成绩一直都是名列前茅的。自然，见面的时候很多。他就像老鼠躲猫一样地躲着我，我猜他大概是担心我把他骗苹果吃的事情抖搂出去吧。他不知道，其实我早就已经不介怀这件事了。

后来，不知道什么原因，他辍学了，我们没再见过面。直到三十年后，我衣锦还乡，无意间见到了同样已是人到中年的他。他胡子拉碴，全身上下也都脏兮兮的，四十多岁的人了，还没娶上媳妇，没有工作，在家养了几头猪，勉强维持生计。

问起当年为何辍学，他挠着头，有些不好意思地说，一来是因为家里条件困难，二来是因为他总怕我在同学中间把他骗苹果吃这件事传播开来，他会受不了的。

他说那时候每天脑子里就只有那半个苹果，他恼恨自己的嘴馋，更恨自己编的那个谎言，以至于学习成绩下降了许多，也就水到渠成地干脆退了学。

我很讶异，按理说他的学习成绩那么好，如果能够继续上学，一定会比我更有前途，可是就因为这个小得不能再小的事件，改变了他的一生。

那半个苹果的谎言，就像一条蛀虫，毁掉了他一生的苹果树。

美文赏析

因为半个苹果，讲了那个谎言，那小小的谎言看似微不足道，其实却像多米诺骨牌一样，推倒了人生的大厦。这个故事告诉我们，做人也好，做事也好，一定要能够“心安”。文章语言生动，于不动声色的叙述中讲述着人生哲理的惊涛骇浪。

每个果子都有名字

钟百灵

一转眼，女儿已经钻到村头的树林里去了。爸爸从车上跳下来，急忙招呼："薇薇，慢点！"

地上湿漉漉的。长江边的小村晒网坝，小雨初歇。脚踩下去，难免带起些泥土。密压压的橘树林一团团浓浓的绿，看上去爽心悦目，间杂其间的桃树、李树上，果实渐显丰腴。一两口池塘静静倒映着树影青天。

爸爸也跟着钻进树林。被唤作薇薇的女孩大约五六岁，她扭过红扑扑的小脸蛋，压低声音说："别说话！爸爸，那儿有只好看的鸟！"

爸爸循着望去，不远处的草丛里，一只戴胜鸟好看的黑白相间的凤冠时隐时现，磕头似地在草丛里啄着什么；不一会又低低地飞起，这次是落在了两只家鸡之间。"磕头"大概是在吃草丛里的虫子。其中的一只公鸡胸脯高高挺起，眼神明亮。它或许已经饱食了美餐，正专心和母鸡散步。看见村里来了生人，它警惕地观察着，却并不显惊慌。

父女俩屏住呼吸悄悄追踪着戴胜鸟，直到它终于从忘情的觅食里觉察，想起什么似的展翅飞起到高空，飞到再也追不到的远处树梢上。

村子里住的人家不多。江边的雾气裹挟着山岚，氤氲着晒网坝的绿。村子在略带困倦、午间来临的气息里温润着。

除了戴胜鸟，还有好多新鲜事物哩。父女俩高兴地漫步在林间小路上，他们不断看见熟透了的桃子掉落在地上。烂桃在泥土里花花绿绿。

在一株低矮的桃树前，女孩站住了：只有一人高的桃树上挂着拳头大的桃子。那饱满的形状，青中带红的颜色，似乎在空中散发着果香。薇薇眼神里流露出渴望："爸爸，桃子好漂亮！我想要！"

爸爸朝女儿微笑着，轻轻压低树枝，好让女儿能碰到那只桃。

"谁在摘桃？"空中忽然响起一声断喝。

父女俩登时怔住。环顾四周，大概两三百米的地方，一位农妇站在屋檐下，面色严厉。

薇薇触电般垂手，低头。泪水在眼眶里打转，满脸变得通红。

"我们买几个，可以吗？"突如其来的声音，也吓了爸爸一跳。自知理亏，却见女儿受了委屈，爸爸也忽然恼怒起来。他迅速从裤袋里掏出钱包，急急翻找着那层层压叠着的人民币。

"不卖！"斩钉截铁的声音。

"不卖？……不就是一个桃子嘛，莫名其妙！"爸爸失去斯文，几乎想火力还击。女儿轻轻的哭泣声却阻止了他。他赶忙蹲下身，替女儿擦着眼泪："薇薇，我们回家上超市买去，好不好？不哭不哭。"

果林深处，草木在生长，动物在繁衍。柑橘林百年茂盛。撒网、打鱼，种庄稼、摘果子……村子里的人们，世世代代保持着不变的生活方式。"晒网坝"，令人想象那日出而作、日落而息的渔耕生活，人们平淡而满足。

爸爸却无心再带女儿游览村子的田园美景。父女俩离开那株桃树，折转身，往回走。

"哎！前面的小妹儿，回来，回来。"

具有震慑力的声音，虽然刚才结识，却已给父女俩留下了深刻印象。

爸爸困惑，略带愠怒地回过身。薇薇死劲地拖着爸爸的手，向前面拽："爸爸，我们走嘛，我想回家。"

那声音却已经如旋风一般来到身边："来，来，把你们的口袋牵着，这些桃子你们带回去。"农妇径直朝父女俩走来，怀里抱了一堆从自家屋里取出的桃子，往爸爸背后的旅行包里塞，"这些桃子是给小妹儿的，没事没事，就是几只桃嘛！我屋里多的是。"

农妇响亮的声音在林子里东碰西撞，全然不顾父女的愕然。放进背包里的这些桃儿，比刚才那棵树上的还要大，白里透红，鲜溜溜的。爸爸难为情地推让着，双手却被农妇挡住，无法去掏钱包。

“摘桃要打招呼嘛，刚才那棵桃树是隔壁何永才家的。他家里的人没在家！”

爸爸恍然大悟，连声道谢。小女孩双手捧着只桃子，看着，嗅着，满脸欢喜。

笼罩着村子的雾气正在褪去，天空愈发明亮起来。父女俩开心的声音从村子里的某处不时传送出来。先前草丛里的那只公鸡站在谁家的屋檐下，缩起一只脚在翅膀里，进入它惬意的午睡。

美文赏析

在长江边的小村子“晒网坝”里，发生了“一个桃子”引发的事件。事件中的农妇粗朴而热诚，散发着人性的光辉。文章语言柔丽，营造了诗意的环境。

情绪里跋涉的青春

若　雪

现在回想，当年就是在一场情绪的泥里跋涉。

冷的，湿的，黄土路上的胶泥，一下雨黏成一团团，一脚踩下去，光滑溜溜，一路到底，内里夹杂着柴草梗子，直钻脚趾头缝，毛刺刺的痛痒；拔出来却难，牵三挂四，扯不干净，心里也像有什么东西往上翻。一脚踩下去，一脚拔出来，踩下去，拔出来，整整拔了那么整整一个青春。

有一个不知道叫什么的歌的 MV，歌手是个女孩子，在开唱前，用很安静的声音说着："如果伤心了，应该怎么办？是大哭一场，还是大笑一场？是喝一场醉，还是下大雨的时候，故意不带伞，走进雨里……"有一年的有一天，也是好大的雨。学生们都缩进男生楼女生楼，学校里有一个什么建筑在施工，也停了，工人三三两两坐在檐下。我出楼门，假装是从宿舍要去教室，一步步踏出去。雨很大，淋得衣裳很湿，头发很湿。我走得很慢，很沉着，旁边有人匆匆跑过，忙里偷闲送过来诧异的一瞥。身后传来工人的口哨和哄笑。其实是没用，伤心了怎么都没用，大哭大笑大醉都没用，在雨里走也没用。

过去那么久，已经差不多忘了是怎么一回事，那种情绪却始终很鲜明地刻印在心里，像是在玫瑰的花片上写了一行诗，为什么写它已是忘了，写的时候浑身像蒙一层雪的感觉还在。又像是小时候，我明明是分到一组做值日的，为什么一组的同学们一个个干得热火朝天的，却没人理我呢？我扎着手，亦步亦趋地跟着。等他们把土扫成一堆，我端着簸箕，要把土撮起来。组长说："你干什么！"我抬起头，讨好地笑："我帮你们干活呢。”又像是大冬天的时候，大家在教室的门背后挤暖暖，一边挤一边笑着喊：“挤，挤，挤暖暖，挤，挤，挤暖暖。”农村的孩子们，就是这么对抗严寒，可我永远是游离在外，袖着两只冰凉的手看着的那一个。一大群的小蝌蚪团在一起快快乐乐，我是被扔出去的，又冷又饿。

我始终享受不到那种大家哭一起哭，笑一起笑的快乐。有一回，班里来了一个新的语文老师，个头高高，瘦瘦弯弯，走路的时候脑袋向左偏，头发长长。他说：“你们别迷信教科书上的话，得有自己的思想。”二十七八年前说这样的话，他这是找死的节奏，大家一起反对他，班主任也向校长请命换掉他。我和几个同学被叫到校长办公室，作为学生代表，向校长反映情况。每个人都义愤填膺，说一定要换掉，必须要换掉！我说这个老师教得很好，为什么要换？出了门，班主任带着别的同学们在前边走，我在后边蹭，孤零零。

就这么傻。

如今还是这么傻，被人唤做情商低，然后被遗忘和丢弃。原来人的一生真的是有迹可循的，不会趋奉的人，永远不会趋奉；死心眼的人，永远都是一根筋，被人中伤不懂辩白，也不会把好的话变成花送给人，也不会把好的话编成花环戴上头顶。可是看似懵懂痴傻，心里始终下着雪，下着雨，还有风。

那年暑热，一阵风来，吹得云头雨落，雨点豆子大、铜钱大，啪啪作响。正暑假在家，出门教风吹乱了头发——心里冒出来一种说不上来的情绪，想要写几行字，写两句诗。好像也真的回去就趴在炕上写了几句，可是如今全然忘了写的是什么，只是记得那种情绪。说愁不是愁，说开心不是开心，是心里有什么东西乍开未开的一种微微痒、微微痛。

一个月前和一个大学女同学聊天，她当年清清秀秀，文文弱弱，后来不知道怎么的，不言不语地就读了硕士，又不言不语地成了大学教师。我好羡慕她。可是她却说：“你有时间吗？我想跟你诉诉苦。当年你们那么风光，我永远是被忽略的那一个，这种痛直到现在都无法忘怀。”怎么会呢？明明不风光、被忽略的是我，她是值得被羡慕的。

所以说，我们的生活在别人的眼里是连我们自己都不认识的。为什么要说少年是生活在花季雨季呢？明明在我们这些人看起来，他们青绿多汁，充满了欢笑。其实每个人都是活在自己的雨季罢，事儿又算得了什么？一件件终究被时光磨平，想也想不起，看也看不清，却终究是回避不了在情绪里跋涉的青春。

这种情绪，叫孤单。

美文赏析

本文类似于一篇意识流一样的文章，描写的是青春之痛。的确，青春不光是花团锦簇的，如果同学们也经历了情绪上的孤单，要知道它并不可耻，它很正常。平时要多读书，增长智慧，这样就会少很多迷惘。

“年”的随想

习　风

娘送来煮好的肉，我用它来炖菜吃。白菜、冻豆腐、粉条、海带丝和肉片一锅烩。老公下班回家耸着鼻子说：“咦？好香，一股过年的味儿。”

真是。又要过年了。不过是与其他三百六十四天毫无二致的日子，为什么却要用“年”的名目包装起来，硬塞进人的怀里呢？还真是人手一份，从不拖欠。

五湖四海，各人过年能过出各人的味儿。《儒林外史》里有个穷酸文人杨执中，那真是穷极无奈，家里只有一座心爱的铜香炉，还能值几两银子，偏偏又舍不得卖。无柴无米，无以为继，只好点了一枝蜡烛，和老妻把这炉摩弄了一夜，赏鉴这炉的好包浆，好颜色，就算把年过了去——清则清也，雅也够也，穷都能穷出水平来。

诗人过年自然诗兴蓬勃，所谓“一年滴尽莲花漏，碧井屠苏沉冻酒。晓寒料峭尚欺人，春态苗条先到柳。”文天祥既是诗人又是官场中人，对官场拜年颇有微词。大过年的，自己家收一堆名纸（拜年的帖子），也给别人投去一张张名纸，“不求见面惟通谒，名纸朝来满敝庐。我亦随人投数纸，世情嫌简不嫌虚”。真是切中时弊，读之如新，果然是“世情嫌简不嫌虚”，就像大大的冰雹，里面只有小小一粒微尘核子。平凡人无这负累，倒是清朝黄景仁的心境与我相契：“千家笑语漏迟迟，忧患潜从物外知，悄立市桥人不识，一星如月看多时。”

和尚过个年也“不同凡响”，大年三十小年夜，和尚们聚在一起，排成两列，先拜佛再互拜，然后由人引领去拜方丈和当家和尚。年初一作息与平时无异，只不过功课里多一样“赞佛偈”，祈祷国泰民安，太平世盛。在佛前烧香供果，众人仍是吃斋，素饭素菜，木耳、黄花、香菇、豆腐、素年糕果米……

像我们这平常人家，自然一切按照农村过年的老规矩来，什么都要准备得海海漫漫才叫够劲。羊要买整只，猪要买整扇，豆腐做两“个”就够了——别误会，一个不是斤把的小块，是两大块四方四正的大豆腐！然后切三角、过油炸。大锅煮肉，肉汤灌丸子……所以说凡人的年滋味最全。大红灯笼高高挂，若是天上飘雪则更有趣，瑶台雪花数千点，片片吹落春风香。有肉有酒，有雪有诗，神仙一般好日子。

对小孩子来讲，“年”就是哄小狗用的肉骨头，绑上蝴蝶结，再用精美礼盒包装起来，在“乒乒乓乓”的炮声中送出去，换来一时的喜笑颜开，还有若干年后浓醇的回忆；老人们则在忙碌之后，看儿女团团围坐，便心生欢喜——他们过年本就不图别事。老人们更是垂首闭目，满心感激，谢老天爷赏饭吃——“年”对老年人来讲是一本越撕越到最后的月历纸，张张纸上写的都是岁月；我却觉得“年”是一把钢刀做的门槛，迈过也得剐掉一层皮。

一天老一岁。

小的时候爱蹲在河边数游鱼，看银针一样的游鱼在绵软的水草里穿来穿去。阳光碎金一样在河面跳荡，一片两片落花从远处悠悠漂来。伸手捞起，爱它娇艳酡红的颜色，如同薄醉；又爱到青翠的槐树林捋槐叶，偷暇把清香的槐花一粒粒填进嘴巴里，齿间微甜微苦的气味。到现在河也不再，槐也不再，我却仍像那个穿花袄的小孩，在水一样的岁月里捞起属于我自己的“年”来，塞进嘴里，嚼出好一番甜甜苦苦的滋味。

前阵子抑郁，总想着生活是怎么回事，生命是怎么回事，忙了，累了，苦了，哭了，笑骂气怒，这一切到最后又有什么意义。然后读到叶芝几句诗：“多少人真情假意，爱过你的美丽，爱过你欢乐而迷人的青春，唯独一人爱你朝圣者的心，爱你日益凋谢的脸上的哀戚。”就是这个样子。当我老了，白发苍苍，容颜不再，想起过往一生，入心的不仅是那欢乐而迷人的青春，更是对生活和生命郑重对待、不离不弃的坚持，这样才会对自己有敬意，不厌弃。若寻意义，就在于此。

如今新年将至，且忙里偷闲，止步暂息，掸掸鞋上的泥，抻抻衣裳角，把头发梳梳顺，光头净脸，和世界一起迎接年后的岁月。

美文赏析

本文围绕着“年”的到来发散思维，写到了不同的人过年的不同况味，结合着自己的思考，成就一篇形散意不散的散文佳篇。文笔虽看似沉郁，却不掩奋发向上的气质。

父亲是一株庄稼

朱迎兵

我喜欢那些质朴而淡泊的庄稼，庄稼在几个月里，历经风雨雷电的洗礼，短短几个月后，穗端一片金黄，染了发似的。它们迎来了自己的花样年华，穗头便像向日葵那样，谦逊地低下来，似乎不能忘却大地曾经给予过的营养和恩惠。

我在乡间生活了十多年的时间，曾与它们朝夕相处。但此后更长的读书和教书生活，渐渐割断并疏远了我们之间的联系。

那时候，和庄稼几乎天天见面：上学的路、走亲戚的路、赶集的路，两边都是郁郁葱葱的庄稼地，生活的领域全都置于庄稼的包围之中。我有时捧着书本，坐在屋前的石碾上，长久地凝视着眼前碧绿而丰腴的禾苗，就会走神，希望有一天，能够像稻田上空的鸟儿，插翅飞出这片天地。我慢慢长大，终于有一天，我飞出了这片天空，离开了这方土地，远离了水稻、麦子及其他，也远离了节气。

庄稼，是我父亲的希望与寄托，是他顶礼膜拜的对象。父亲依旧生活在乡下，他一辈子扎根农村，对农村有着深厚的感情。他过着日出而作日落而息、恬淡幽远的田园式生活。“开轩面场圃，把酒话桑麻”，他有着自己的乐趣，有着自己的生活理想，这一切源于他对那片土地爱得过于深沉。

父亲今年六十七岁了，但年龄不能熄灭他耕种与收获的热情，他仍将汗水挥洒在田畴里。我常常想到，其实父亲也是一种庄稼——中国的庄稼。在广袤的土地里，父亲的目光、父亲的手、父亲的脚、父亲的身躯，结成一群庞大的发达的根系，挤着缝隙向土壤深处吸吮，吸吮大地的乳汁，喂养生命的水稻、麦子和山芋的果实。父亲的季节，一茬接着一茬。在岁月里，父亲是一张木犁，抑或是一架水车，古老如他脚下深沉的土地。他劳作时的每一声吆喝，酣眠时的每一声呼噜，都是极为质朴的憧憬和回忆。

父亲，是中国传统的庄稼，蕴藏着泥土淡淡的悲哀。他只知道劳作，只知道刀耕火种，只知道去接近深入那温暖他、折磨他一生的泥土。父亲的路，是朴素种子的旅程，流淌的是辛酸的河流。

每次面对父亲霜白的头发、铜黄的汗粒，我的心都有种被太阳炽热灼烤的隐痛；面对土地和年代，我无法用牛的形象来想象父亲。那一亩水稻从春种到秋收，要经过二十多道工序，可兑换成钞票时却是薄薄的几张。父亲可以忍受这一切，可这是一个绝对不等值的算式，我无法接受，便拼命读书，以期不再与土地一同悲伤。

现在我是一个土地的看客。这么多年来，我一直是一个看客，因为不会耕作和侍弄庄稼，只是一日三餐地消费它们。粮食和菜蔬，将我滋养得白白净净。

一次，父亲到我这儿来，恰好遇到邮递员给我送来稿费，他不明白一会儿工夫写就的千字文，就能换来百元的人民币，而他在土地里栉风沐雨忙碌三季还不抵上几篇小文的稿费？

说到稿费，父亲向来颇有微词。他认为我写的东西太缥缈、太空灵，没有水稻、麦子实用，更没有瓜园、韭菜地有内涵。他每每教导我说：“别忘了你的脚底下沾着泥土呢！”看着父亲颈上凸显的血管，我觉得自己很渺小。我对这位来自农业部落的、以庄稼比拟人生的哲学家充满了神圣的爱与敬畏。

很多次在梦里我会来到庄稼的身边，近距离地接触它们，仿佛一个流浪的孩子回到阔别已久的老宅，心里充满了亲切与温暖。

有时站在讲台上，我的眼前会迷蒙起来，讲台下的学生幻化为庄稼的形象，我则成为一名父亲样的农夫，教室便是那丰饶的土地，我们一起构成一幅火热的劳作图画。看来，我血管里奔流的仍是一股农民的血液。

美文赏析

作者通过对于土地、父亲的描述，表达了对于土地的深深的爱与敬畏。这种敬畏也同样给予了与父亲一样的农民。文章语言平淡而饱蕴深情，虽然不动声色，但是并不寡淡。

美给自己看

崔修建

朋友带我一路翻山越岭，前往深山密林间，去寻找那位养蜂人，只为给远方的亲人买到最为纯正的蜂蜜。

路上，朋友告诉我，那位养蜂人很能干，也很能吃苦，每年他都要带着蜂箱，去很远的山林里，找到蜜源最丰富、最安全的地方，一个人驻扎下来，长时间地忍耐着孤独，直到收获了让人啧啧赞叹的蜂蜜，才会欣然地回到山下的小村，和家人幸福地团聚。

养蜂人的妻子身体一直不大好，他赚的钱，很多都换成了妻子的药，他对妻子的种种好，熟悉他的人没有不翘大拇指的。前年，他的妻子病逝了，原本就有些不大爱说话的他，一下子变得更沉默了，人也苍老了许多。他有一个女儿，在南京读大学，听说学习挺好的。只有提起女儿，他的话语才会多一些，语气里也多了自豪。

在转过一个山窝窝时，一条清凌凌的小河突然出现在面前。河水清澈见底，河中有巨大的白岩石和光滑的鹅卵石，石缝间有小鱼欢快地游着，我俯下身来，掬一捧河水送入口中，一股惬意的清凉直抵肺腑。真爽，我不由得又喝了几口。

蓦然抬头，前面不远处，一个穿红格衫的女孩，正蹲在河边的那块青石板上，蘸着河水，轻轻地揉洗着长长的秀发，绵软如絮的阳光，轻吻着白嫩的臂膊。她没有使用洗发香波，也没有用香皂，只选了从山中采来的天然皂角。那垂向河水的如瀑的黑发，与她柔曲的腰肢，以及身后那青翠的山林，构成了一幅天然的美图。

女孩直起身来，拿出一把木梳，以河水为镜，一下一下，爱恋有加地兀自梳理着湿漉漉的秀发，像一只极为爱惜自己羽毛的孔雀。

真是一个爱美的女孩。我轻轻地赞叹道。她是美给自己看的，朋友一语轻松道。

是的，她一定是居住在幽深林间的某一个小屋，很少有人能够看到她的美，但那又何妨？她可以美给自己看啊。

继续往前走，眼前猛地冒出一大片开得正艳的芍药花，我和朋友都惊喜地喊叫起来，我们跑过去，欣喜地用手抚摸着，贪婪地嗅着花香。

可惜了，藏在这样的深山老林，很少有人能够看到它们的美丽。朋友有些惋惜道。

它们是美丽给自己看啊！我立刻联想到了刚才在河边洗发的那个女孩，想起了朋友的话。

对，它们的美丽是给自己看的。我和朋友恋恋不舍地走开了。

终于见到了那位养蜂人，他穿一件很干净的深色衬衫，头发整齐，胡须剃得干干净净。真是一个利索人，与我想象中的蓬头垢面、胡子拉碴的形象，实在是相去甚远。

距离那一大排蜂箱两百多米远，有他搭的帐篷，还有用枯树搭建的凉棚。他从凉棚底下搬出一罐罐封好的蜂蜜，一一地介绍给我们，热情地让我们逐一品尝。果然都是上好的蜂蜜，他的要价也不高，比我预想的还要低一些。我有些眼花缭乱地选了好几种，多得朋友直笑我贪婪了，要背不动的。养蜂人送我一个大塑料桶，告诉我回去后马上把蜂蜜倒出来，换装成小罐，还叮嘱了我许多保存蜂蜜要注意的事项。

愉快的交流中，我发现，他的居所四周都做了精心的美化，帐篷前居然还移栽了两大排野花，有幽兰、芍药、矢车菊、如意篮、扫帚梅，还有一些是我叫不出名字的；他的凉棚上缠绕的，则是一簇簇牵牛花和紫藤花。

我不禁赞叹他是一个热爱生活的人，独自在这来人稀少的地方，还把一切都安排得那样井井有条，那样让人看着舒畅。

他不好意思地笑笑，告诉我们：“已经习惯了，一个养蜂人，走到哪里都是家，是家就要装扮得漂亮一些，没有人来看，就给自己看。”

“是美给自己看。”我和朋友相视一笑。

“就算是吧，干净一些，利索一些，漂亮一些，自己看着心里也舒坦。”养蜂人说着，把一个自己用桦树皮编织的精致的小花篮送给我。

此行不虚，不仅买到了上好的蜂蜜，还有了惊喜的发现和由衷的感喟——无论身处何地，无论日子是否顺意，都应该像那些恣意绚烂的野芍药，像那个临河梳洗的少女，像那个把自己和帐篷里里外外都装饰得漂漂亮亮的养蜂人，即便没有人欣赏，那也要尽情地美给自己看。

美文赏析

懂得给世界增加美丽固然可贵，但懂得美丽给自己看，也同样可爱。美给自己看，还是一种生活智慧。只有善于自我欣赏的人，才能够从平淡无奇的生活中，发现美、创造美、感受美，才能够在美丽自己的时候，也给世界带来无限的美丽。

仰望星空

闫荣霞

暑热炎天，即使凌晨四点也感觉不到凉意，天空像一个倒扣的锅盖，蒸腾得人们即使熟睡，身体也滋滋地往外冒汗。

马路上空无一人，只偶尔一辆车疾驰而过，前一晚上人们丢弃的瓜子皮、塑料袋、矿泉水瓶、串羊肉串的竹签子、香肠的肠衣，还有凋谢的花瓣和掉落的叶片，林林总总，被带起了旋，转而又纷纷四散。

看着它们，可以想见昨夜繁华，却让从远处推着三轮车开始一天清洁工作的环卫工人李敏颇为头痛。

这得要清扫到什么时候才能完哪。

要赶快！

眼看天边曙光渐露，这个城市渐渐苏醒，卖早点的马上就要开始忙碌，吃早点的和晨练的也正要打着呵欠纷纷起床，再略晚一点，上班族和学生族就要蜂拥而出，到那个时候再清扫，可就得见缝插针了。

所以她二话不说，行头是早已穿戴在身上的，里面是短袖衬衫，外面套着长袖环卫工作服、长款运动裤；头戴环卫工作帽，工作帽上面又加了一顶遮阳帽。现在帽子没有戴在头顶上，而是背在脑壳后。太阳升起后，就要顶在头上了，“怕晒黑”，她笑着。也是，女人天生爱美么，环卫工人整天扮靓街道，难道就没有扮靓自己的权利了？

一小块地方清扫干净，就把垃圾装了满满一三轮车，拉到垃圾房，再返回来，随手把垃圾桶里的易拉罐啊矿泉水瓶啊什么的，能捡的捡出来，可以卖钱的。当然还有人比她们起得更早，就是那些拾荒者，所以大部分都让他们挑走了。大家都不容易么。

天，亮了，太阳渐渐热起来了，李敏反而更加忙碌起来了。一些餐巾纸、废旧纸张、塑料袋子之类的东西被人们随手丢弃，随风乱飘，飘到哪里就粘在哪里，就像沾泥絮，用扫帚甚至扫不起来，要用手一一捡起，再丢进垃圾桶。

人们行色匆匆，快步前行。不能不快，阳光驱散了湿雾，明晃晃像流淌的金汁，灼到哪里哪里痛。热啊！她却仍在弯腰低头，不停地重复扫、拾、捡、扔的动作，汗珠噼里啪啦，好像大雨点。我都替她渴。

我问她："替你买瓶水吧？"她摇摇手，掏出自己的水杯来，规模跟个小暖瓶似的，高高壮壮的，捧着咕嘟咕嘟灌了一气，然后抹嘴："说不要买，矿泉水量太少，太贵了，就我这杯子，我一天得要喝十杯八杯的。换成矿泉水，我挣的钱全喝了水了。"

我问她："你月工资多少？"

她答："我是白班，一个月两千零四十元。夜班更少，才一千六百多。不过他们干的时间短一点。"

我问她："没想过换工作？"

她答："我是农村来的，也没有什么本钱做生意，而且我心地实诚，怕做也做不很好。做这个倒好，省心，只要每天把我分内的工作做完就好。"

"那，整天这么重复工作，会不会厌倦？"

"有时候会，"她直起身来捶捶腰，叹口气，"有时候赖在床上都不愿意起，觉得怎么又是这活儿，真没劲。可是想想，我老公给人家装修房子，工资也不高，一家大小，我还养个儿子，上头还有婆婆，都指着我这点工资吃饭花销。这么一想，又觉得自个儿凭力气养活一家人哪，又高兴起来了。然后呢，一边扫街，一边回头瞧，看着精光的路面，这都是自己扫出来的，蛮有成就感的。于是就这么一天天一年年地干下来了。"

我想让她说出一两件印象深刻的事，想不到她转头看看她扫过的街道，正好有个人把片废纸随手扔掉，她就过去随手拈起来，走回来，皱着眉头想啊想，然后抱歉地笑，说："想不起来。天天就是这么扫啊扫，每天不是抬头看脸，而是低头看脚，你让我说哪个路段有个什么样的坑洼我清楚，你让我说我碰上什么新鲜事儿我不知道。也有过掐架的，我就怕他们摔砸东西，比如啤酒瓶子什么的，因为摔砸的碎片还得归我拾掇，有一回把手还扎破了，血呼呼的，回家吓我老公一跳。别的就想不起来了。"

我有点无言地看着她，就像看墙缝里长的一棵绿草。他们不是弱势群体，他们是我们的护卫者，如同星空，需要尊敬，甚至仰望。

美文赏析

作者写了清洁工的一天，让我们从平凡的人身上看到了不平凡。我们要用自己的行动去减少她们的工作负担，这也是我们对他们应有的尊敬。文章语言平实，不急不躁，如静水舒缓，让人于平静中体会出对平凡人的不平凡的尊敬。

一个没用的人

刘琉璃

记者采访他的时候，他正坐在草地上，七八个孩子在他怀里乱滚。

这是广西一个山村，留守儿童多，父母在外打工，他就在这里陪伴着他们。只要他一出现，男孩子们就呼啸而上，像小猴子一样挂在他身上，纷纷叫他“老爸”，还问他一些怪问题：“你说大马蜂窝会不会掉下来？”他很诚实地回答：“不知道。”

他叫卢安克，德国人，到中国旅游，然后留了下来。1997 年在南宁的一所残疾人学校义务教德文，1999 年到河池地区的一所县中学当英语老师，因为不能提高学生的考试分数，家长不满，只好离开；2001 年开始在板烈村小学支教，就这样在十万大山的皱褶里住了十年，从青年到中年。没有家，没有房，没有妻，没有子。

他和孩子们一起画画唱歌，生火做饭，修修水管，要不就陪着他们在下过雨的泥地里骑自行车，从高坡上呼啸而下。每个月生活费一百块，靠翻译书和父母的资助，当地政府要给他开工资，他不要，怕拿了学校的工资，学校跟他要考试成绩。

——真是一个没用的人。

孩子们皮得难管。一个小皮孩掰着卢安克的胳膊看他：“你会死吗？”

“会。”

“你死就死，跟我有什么关系。”

卢安克搂着他，对他微笑：“是啊，想那么多，多累啊。”

记者问他：“这话你听了不会感到不舒服吗？”他笑了一下，说：“我把命交给他们了，不管他们怎么对待我，我都要承受了。”

课堂上，男孩子大叫大闹，他想发脾气，又抑制住。男孩说：“我管不住自己，你让我出去站一会儿。”他就开门让他出去站着。他说：“文明，就是停下来想一想自己在做什么。”

他只管把自己的事情做好，好比滴水在石头上，时候到了，改变就自己发生了。

可是这种改变，太慢了。他教的班里四十六个学生，只有八个人初中毕业，大多数没毕业就到城里打工。有的还没读完初一就结婚。有的学生父亲来找他，说：“我的儿子就因为学你，变得很老实。吃了很多亏。”他说：“我的学生要找到自己生活的路，可是什么是他们的路，我不可能知道。我想给他们的是走这条路所需要的才能和力量。”

那么，到底是什么样的才能和力量呢？照我的理解，大约就是接纳现实，对命运的承受与顺从。别人佩服他，他说：“别人对我佩服的地方其实是我的无能，我无能争取利益，无能做判断，无能去策划目的，无能去要求别人，无法建立期待……没有任何期待和面子的人生是最美好和自由的。因为这样，人才能听到自己的心。”

我的父亲八岁丧父，跟随寡母，备受欺负。及长，生产队里的人年年让他当小队长，他就年年去当，别人不干的活他去干。一生没见他和人吵过架，更不用说动手打。做过的最荒唐和最“英勇”的事是到兵营里偷白菜，卖钱给我交学费。如今病瘫在床，可是邻居们纷纷帮着母亲替他做搬搬抬抬这样那样的事，也说不清什么原因。

所以，谁说卢安克是无能的？记者在报道结尾说：“就像一棵树摇动另一棵树，一朵云触碰另一朵云，一个灵魂唤醒另一个灵魂，只要这样的传递和唤醒不停止，我们就不会告别卢安克。”记者的同事写给卢安克两句话：“你让我想起中国著名的摇滚歌手崔健的一首歌——《无能的力量》，这种‘无能’，有的时候，比‘能’要强大一百倍。”

世界上多的是无能的人，他们只是在自己的位置上，承受命运，然后做好自己的事情。他们自觉无用，却是桃李不言，下自成蹊。当初卢安克陪伴的孩子们都已经长大，要离开学校，他们一人一句乱凑歌词来唱，那个最皮的、打他的孩子凑出这么几句歌词：

“我们都不完美，

但我愿为你做出，

不可能的改善。”

美文赏析

虽然文章标题是“一个没用的人”，但是主人公卢安克真的无用吗？“我”的父亲真的无用吗？并不。他们的美德如同春风化雨，可以滋润人心。文章意蕴深厚，可以引动人的心绪，带着读者沉入深深的思索里去。

心灵的美丽塑像

曾　予

一天，校长交给我们几个年轻的老师一个任务：学校要在操场上塑一个塑像，限定我们一个月之内拿出创意来。临了，校长特意强调说，要多注意挖掘身边的素材。

一个月以来，我们挖空心思设计了种种方案，校长却一个劲儿地摇头。

“唉”，我们无比沮丧地想，“要是能像‘敲钟人’修剪树木那么容易就好了。”窗外，校园的老园艺工正挥舞着大剪刀不停地修剪树木。树叶纷纷落下，一棵棵树木在他的剪刀下神奇地变成了一件件精巧的园艺作品，这一点是他身上让我们唯一佩服的地方。他一只眼睛是睁不开的，他只能看到半个世界；他的嘴是歪扭的，时常伴着抽搐，别人一分钟说的话他要说上十分钟；他的背是驼的，仿佛背着一座山。因为他长得太丑，我们都把他叫作“敲钟人”。对这个称呼，他倒是很乐意接受。他不识字，更不可能认识《巴黎圣母院》里的伽西莫多，但他说刚刚建校的时候没有电铃，就是他每天敲着钟催促着孩子上课、放学，一直敲了十多年呢。

我们凑到“敲钟人”身边，故意“请教”他说：“大艺术家，如果让你塑一个塑像，你打算怎么设计啊？”

“敲钟人”脸涨得通红：“俺比不得你们，你们有文化，识字多，能教出好学生，俺不能，俺只能修剪这一棵棵树，希望这一棵棵树长得高、长得好。”

他平时很少说话，见到人也只是机械般地点点头，然后就拿起那把大剪刀，忙他手里似乎永远也忙不完的活计。可是那天，他好像喝了点酒，显得很兴奋的样子，和我们说了很多话。

“俺……俺家娃子今天考了……两个100分哩，不赖吧？”他有些抑制不住自己的喜悦，咧着嘴笑，比平时更难看了。

口无遮拦的小王老师忍不住感叹了一句，“天哪！连你也能讨着老婆。”

“俺……俺……”他嗫嚅着说，“俺没老婆。”

没老婆哪里来的孩子？我们感到事情的蹊跷，他支支吾吾地不肯说，我们却不依不饶，嬉笑着刨根问底。

“你们怎么可以取笑这样一个为我们学校付出了毕生心血的老人？”校长不知什么时候站在了我们身后，我们赶紧掐住了腮帮上正笑得发颤的肌肉。

“你们想知道他的孩子是哪来的吧？我来告诉你们，”校长说，“他一辈子没结过婚，那孩子是他收养的一个孤儿。小杨阳的父母几年前双双出了车祸，是被你们叫作‘敲钟人’的老人收养了他。”校长情绪很激动，“还有，你们知道老人为什么这么丑吗？”

原来，在刚刚建校的时候，发生了一场火灾，为了抢救刚刚买回来的课桌，他的脸被烧伤了，一只眼睛永远无法再睁开。

我们低着头，我感觉灵魂被一种谴责撕扯着，渐渐变了形，像“敲钟人”的脸。

听校长说，自从建校以来，他就一直是校里的园工，夏天修剪树木、侍弄花草，冬天修桌椅、烧锅炉，日复一日，年复一年。学生一批一批地走了，老师也不停地换，只有他守在这里，像守候他自己的家园。

这一个月以来，我们绞尽脑汁也没设计出满意的创意来，没想到，最美的东西就在身边竟视而不见。“校长，我们有创意了。他，就是他，”我指着正在干活的“敲钟人”激动地说，“他就是一个塑像，我们可以像罗丹在制作《美丽的制盔女》时使用的手法一样，用丑来表现美，把他整个面部，整个身体都扭曲着造型，但他眼前的一棵树必须要笔直笔直的，形成一个鲜明的反差……”

校长长长地舒了一口气：“你们终于找到了。”

“为什么您不早些告诉我们？”

“让你们自己找到总要比我告诉你们好。”校长说，“可是你们的任务还没完成，你们要让所有的学生都找到，你们明白我的意思吗？”

我们使劲点了点头，校长接着说：“其实我们的操场本来就小，我是不会在学生们用来踢球的操场上塑这样一个塑像的，但是你们必须找到这个塑像，放到你们应该放的地方。”

放到我们应该放的地方，我们懂了——

只有把一件美好的事物放到心里，才能叫作珍藏。

美文赏析

一个人的脸能有多丑，一个人的心灵就能有多美。一个人的生命有多卑微，一个人的灵魂就有多骄傲。文中的“敲钟人”就是如此，他大公无私，他善良真诚，他值得我们每个人去学习、歌颂。因此睁开我们的“心眼”吧，剥去凡俗的外壳，看到别人如珍珠般洁白闪亮的内心，这样我们才会明白，外表的丑陋不是丑陋，灵魂的高洁，更让人仰慕。

上　课

朱广辉

改完学生的作文，已是深夜十二点。这次作文的主题是“我的爸爸”。

“我的爸爸就是一个‘呼噜猪’，大白天在家呼呼大睡，连妈妈做好了饭喊他吃，他也不醒！”

“每次考完试，爸爸就变成了大犀牛，愤怒地向我扑来。”

…………

这群孩子！她叹了一口气。这群父母！她摇了摇头。

她是市重点中学的语文老师，这学期，被交换到城乡接合部的一所中学任教。这所学校的学生家长大多学历不高。问题学生一群一群，打架，抽烟，网聊……什么都干，就是不好好学习。

妈妈们经常向她抱怨：“这小崽子越大越不听话了！”

“都不敢嚷他一句，动不动就离家出走！”

“今天又把他爸给气着了，他爸前些年得过尘肺病，洗过肺！这可不得了！”

她决定好好地给他们上一课，让他们明白学习的意义，要尊重和关爱父母。让孩子们先写写自己的爸爸吧！以爸爸为切入点，好好给这群“土匪”上一课。

事情的发展完全出乎意料，一半学生不交作文，说：“没感觉，很陌生，不知道怎么写。”交过的，却又把爸爸写成那个样子，真是群冷酷的孩子！

睡吧，明天还要早读呢！她揉了揉惺忪的眼睛。

“哐哐哐！哐哐哐……”

外面的噪声很大，怎么也睡不着。

“咚咚咚！咚咚咚！”

噪声更大了！

她火了，觉得有必要给制造噪声的人上一课，让他们知道夜里制造噪声影响别人睡眠是对别人最大的不尊重！

今年的冬天似乎来得很早，还差一星期立冬，却下了场不大不小的雪，让这个城市显得特别清冷。刚下楼，浓浓的沥青味就侵入她的心肺，她一阵干咳，不由得皱了眉头。

“柳老师，都凌晨一点了，您要去哪里？”

她被这突如其来的苍老沙哑的声音吓了一跳，一位五十岁左右，身着保安服的男人局促地搓着手，“不好意思，柳老师，吓着您了？”

“您认识我？”在门口值班的保安只有两个人，她可从来没见过眼前的这位。

正说着，“哐哐哐”的声音越来越近，越来越响，好像一把利剑要把这宁静的夜空劈开一个大洞。昏黄的路灯下，几位工人正在劳作。有人在用机器把地面震碎，有人在铺沥青。他们呼出的二氧化碳和燃烧的沥青的烟雾交织在一起，升腾在这个城市冬季的夜空。树上即将凋零的枯叶微微地颤抖着，仿佛是被焦煤沥青的烟雾呛得喘不过气来。

“柳老师，他们打搅您休息了吧？”保安望了望筑路的工人说，“我以前和他们是一个建筑队的。”保安局促地搓着手，“后来，俺的手被沥青烫伤，干不了重活，就来这里当保安了。”她这才看到保安的右手有些变形。

“柳老师，俺们的娃们就拜托给你了！”

“这话怎么讲？”

“柳老师，俺和这些修路的工人都在一个城中村租房住，俺们的娃都在您的班级里。娃们打小都是妈妈们带，俺们都是在晚上干活的。白天要睡好觉夜里才有体力和精神干活，没时间陪娃们。俺们做父母的也没啥文化，不懂教育，不会给娃们讲大道理，可是娃们现在大了，不听话了，还经常去网吧打游戏，俺瞅着他们这样揪心啊，可是俺们管不了哇……”

保安说到孩子，声音里咸咸的，仿佛空气中撒了一把盐。

她变得不安起来，脸也红了。

“城市的公路老了，需要保养、维修。大白天干活，不光路堵了，沥青的烟雾太刺鼻子，影响白天的空气质量。晚上干活，既不影响城里人上班，也不会影响城里人的身体健康。”保安接着说。

她看着眼前的修路工们，心里的怒气早就消逝得无影无踪。怎么可能还去怪怨呢？他们牺牲本该属于自己的最佳睡眠时间，为的是换来城里人井然有序的生活，他们这样做着，我们却在不停地愤怒甚至咒骂。她仔细地打量了一下他们，一个个也就四十岁左右，额头上却有着与同龄的城里人不相符的深深浅浅的沟壑。这一道道沟壑刺痛了她。她的耳边始终回想着那一句：“娃们交给你了，你好好给他们上上课！”

她的眼眶湿润了。

今夜，她觉得自己才是受了教育的学生，这些修路工人给她上了很好的一课。让她懂得，有些看似卑微的人，灵魂却挺得很直。

明天，她要大声地告诉孩子们：你们的父亲是世界上最好的老师！

美文赏析

到底谁该给谁上课？对，孩子们需要老师给他们上课，老师也需要有人给自己上课，因为她不知道这些孩子的爸爸，竟是这样的劳苦和伟大。世界就是由这样的平凡而劳苦的人推动着向前滚动发展的，我们应该向他们奉上我们最大的敬意，因为他们虽然身份卑微如草，可是灵魂却挺拔如松。他们才是最可爱人，最好的老师。

理发男孩

顾文显

长春市的桂林路和新疆路交叉处，有一家农贸市场，我常常去那边买吃的。一天，买完东西走出市场大门，刚要过马路，突然，有个小伙子从后面一下子把我扯住了。原来这是一个哑巴，他指手画脚地提醒我，我的头发长了，他要给我理发。

家里有客人等着，我对他晃了晃手中的食品，对他用夸张的口型说："明天。"

他高兴了，在手心认真地写了一个"明"，又写了一个"天"，征询地望着我。我点点头，那男孩就仿佛真的做成了生意，冲我作了个长揖，就转身物色另外的顾客去了。

走出去 100 多米，我越想，他会不会认为我骗了他呢？如果回过味儿来，这孩子今天得多伤心啊。

我提着东西又转回去，拍拍他的肩。

这下子坏了。他以为我改主意要马上理发，就堆了一脸笑，把我往马路对过他的那个四面漏风的理发铺子请。我赶紧解释，指指他手腕上，意思是问他明天几点工作。我根本不会哑语，男孩再次误会，以为我问钟点，他从上衣口袋里掏出一块怀表，递到我手里让我看。我不接，费了好大劲，他才彻底明白我的意思，很感动地告诉我，明天 9 点到 17 点，他都在那个雨亭中等我。

一路上，我暗暗叮嘱自己，记忆再不好，也不可忘记了对那聋哑男孩的承诺。

第二天上班，突然要开会，为一个什么问题，大家争论不休，吃完工作餐，继续争论，我早把理发的事儿给忘到九霄云外去了。

16点多，窗外猛然下起了瓢泼大雨，马路上积水很深，行人狼狈不堪。看着窗外一位推车子的小贩在积水中艰难地行进，我突然就想起了那个聋哑男孩，我答应过他今天去理发的呀。跟同事说了，同事就笑："这大雨，谁还在傻等着你。"

不行，我无论如何得过去一趟，哪怕他不在，我也就安了心。我冲进雨中，好歹拦住一辆出租，钻进车子时，我身上便湿透了。

远远地，我看到那儿的理发铺子里孤零零地站着一个人影，双手抱臂，显得那样孤独和凄冷。车子只能在路边停，我顶着雨跑过去。那男孩认出了我，傻乎乎地咧开嘴笑，马上为我脱去湿透了的外衣，小心地挂在亭柱子上，他开始为我理发。

雨潲得厉害，本来就湿透了的膝盖又潲上了雨水。男孩把我尽量往后挪，这样就淋不湿衣服了。可我无意中一回头，发现雨水哗哗地潲到他身上！

我俩推让了好几次，才算把头发剪完。

剪完了，给他多少钱呢？我掏出一张10元人民币给他，他哇哇叫着不接。我心里咯噔一下，又掏出一张百元的。这回他还是不接，只是冲着我鞠躬。

昨天领的工资我已放在家里，口袋里共约160块钱，我都掏了出来。你说我倒是找这份不自在干什么，真是活该。

那男孩看出我误会了他的意思。他将剃刀收起，反复跟我比画，终于，我看出门道来了。其实哑语不是很复杂的，比画多了，我也能懂，他是说：你能来，我很感谢，不收钱了。

是这样？他等在雨中，又淋得后背透湿，都是为了我呀，这回轮到我内疚了，刚才还怀疑人家要讹诈呢。

男孩又朝我竖了竖拇指，似乎是夸我守信用。接着，他从兜里掏出一把带尖柄的塑料梳子，探到雨亭外的草地上，写一个字，让我看一下，他写的是：“可以叫你爸爸吗？”

我的眼泪一下子流了出来。可怜的孩子，我为你做了什么，敢担得起那么神圣的称呼？我一把搂住这男孩儿，任他顶着冷风肩膀一耸一耸地哭……

给他多的钱他又不肯要，我写一篇文章吧，呼吁大家都来关心、尊重和疼爱残疾人。他们的心很美，人很坚强……

美文赏析

文章选材很有代表性，叙事条理清楚，塑造人物性格细腻真实，让我们感受到残疾男孩纯洁的心和想要获得理解的渴望。让我们跟作者一样，伸出我们友爱的手，拥抱他们，关爱他们，这个世界会更加美好。

手持火种夜行人

孟醒石

崇祯十一年（1638）冬，寒风彻骨，滴水结冰。一群读书人满怀哀伤，带着家眷、亲友，组成一支两三千人的队伍，从保定容城出发，向着西边的太行山脉，艰难行进。老人的咳喘声，孩子的啼哭声，牲口的嘶鸣声，此起彼伏，乱作一团。

这支奇怪的队伍，由一位五十多岁的老师率领。他骨骼清瘦，一脸倔强，骑在一匹老马上，走在队伍最前面，不时地回头张望。跟在后面的青年，只要看到这张坚毅的脸，都闭口不言，加快步伐。

这位老师就是孙奇逢，他的内心同样惶惑，可是别无选择，唯有再次吟哦自己写的诗句安慰大家："路绕层峦远，云依曲岭长。有人同患难，无险不寻常。盘马遥相指，峰头报举觞。"

孙奇逢此行的目的地，是距容城一百七十里（一里为五百米）的易州五峰山。他正率领子弟、门生逃难，要在那里建一座双峰书院，躲避残暴的清兵，保存儒学的火种。

在明末清初学人心中，孙奇逢就是一位手持火种的夜行人。

《清史稿》载："孙奇逢，字启泰，又字钟元，容城人。少倜傥，好奇节，而内行笃修。负经世之学，欲以功业自著。"孙奇逢十七岁中举，少年得志。随后，父母相继去世，他在家中守孝六年。

明天启年间，阉党魏忠贤把持朝政，荼毒百姓，残害忠良，东林党人左光斗、魏大中、周顺昌，相继被魏忠贤诬陷入狱。当时，孙奇逢在京游学，他不顾身家性命，冒死营救左光斗三人。

孙奇逢上书辽东督师、保定高阳人孙承宗，晓以大义，请他疏通关节，紧急援救。孙承宗刚想入觐面陈皇上，还未施救，左光斗等人已经在狱中被活活折磨死。阉党还诬陷左光斗收受贿赂赃款上万两，并向其家属追查讨要，妄图赶尽杀绝。

孙奇逢与鹿正、张果中倾囊相助左光斗家属，并向士子学人发起募捐行动，赎回了左光斗等人的尸骨。此举震动朝野，世人尊称孙奇逢、鹿正、张果中为“范阳三烈士”。在这场斗争中，孙奇逢起到了北方士大夫清流领袖的作用。黄宗羲闻之赞曰：“燕赵悲歌慷慨之风久湮，人谓自先生而再见。”

通过这场斗争，孙奇逢看透了世道人情，朝政的腐败，官场的险恶，决心远离仕途，专心著书立说。辽东督师孙承宗请他参赞军事，工部尚书范景文也想聘他为幕僚，都被他婉拒。孙奇逢拂袖离京，回到了家乡容城，潜心读书讲学。

崇祯九年（1636），清兵入关，攻陷昌平、房山、顺义。七月，宝坻、定兴、安肃、大城、雄县相继失守，容城告急。国难当头，岂能坐视？孙奇逢，一个没有任何官职的举人，以布衣起兵，“约同志，练乡勇”，守住了容城。

崇祯十一（1638）年，清兵大举进犯。告老还乡的孙承宗率领乡亲们镇守保定高阳城。城破后，多尔衮命令清兵把七十六岁高龄的孙承宗绑在马尾巴上，活活拖死。

孙承宗曾巡行辽东多年，选拔培养了马世龙、袁崇焕等一批名将，在山海关外修筑大城九座，小城堡四十余座，逼迫努尔哈赤后退七百里。孙承宗功勋如此卓著，晚年却遭到魏忠贤的妒忌，被迫辞官回乡，结果落得如此惨烈的下场。

在孙奇逢的心目中，孙承宗不仅是杰出的军事家、民族英雄，还是文坛领袖。孙承宗的惨死，使孙奇逢倍感凄凉和绝望。明朝大势已去，而清兵如此野蛮，天下何处是吾乡？哪里是读书人的世外桃源？

于是，就有了开头那一幕。孙奇逢率子弟门生，携家眷亲友，深入太行山脉，结寨自保，办起了双峰书院。在朝代更迭的乱世，保存了儒学的火种。

太行山怪石嶙峋，没有一块左右逢源，不是在夹缝中，像核桃一样被排挤得爆裂；就是身处险境，凌空欲坠，孤独面对万丈深渊。这深渊也是由无数石头堆砌而成，如历代政坛，壁立千仞，只给读书人一线天，苟活，苟活，苟活，还是把这一线天当作弓弦，把自己当成响箭？

在明末清初学人心中，孙奇逢就是那支响箭。他在易州建立双峰书院，立德、立功、立言，为读书人撑起一片天。孙奇逢一边兴修武备、训练乡勇，一边讲学论道、著书立说，还打败了几次清兵和土匪的进攻。在战争年代，守护了一方净土，创造出一个读书人的乌托邦。

万古长夜，也只有读书人，互为彼此的灯，肯因惺惺相惜，敢为对方豁去性命。所谓五千年文脉，也不过就是这种大无畏的精神，这种文化和价值观的自信。

抗战时期，千千万万的读书人奋起抗争，北京大学、清华大学、南开大学辗转迁至昆明，改称国立西南联合大学。为中华民族保存了重要科研力量，并培养了杨振宁、李政道、邓稼先、朱光亚等一大批优秀学生，为中国以至世界的发展做出了贡献。

如今，盛世昌明，我们要继承中国古代传统文化中不屈不挠的精神，再著新时代华美篇章，增强我们的文化自信和价值观自信。

美文赏析

文章讲述了孙奇逢作为一个读书人在乱世中的壮举，讴歌了他的精神；又由此联想到像他一样的许许多多的读书人的壮举，由此充满自豪地提出倡议：继承古代传统文化中不屈不挠的精神，增强我们的文化自信和价值观自信。文章语言沉郁平稳，读之却令人热血沸腾。

鱼 斗

于智全

无名湖地处郊区，多年来一直是平平静静的，甚至连垂钓者也很少来光顾。

无名湖的鱼家族过惯了与世无争的生活，过得无忧无虑。

随着城市的扩大，无名湖不再寂寞。

第一次惊动无名湖鱼家族是有人在湖中放生了一条锦鲤。鱼子孙一见，急急忙忙去报告鱼祖宗。鱼祖宗一听来了“怪物”，连忙出巡视察。鱼祖宗是无名湖的寿星，它自从出娘胎以来，从未见过一身红鳞的锦鲤。但它内心不得不承认这条锦鲤好潇洒、好俊美，鱼祖宗已发现众多鱼子鱼孙那种好奇、羡慕的眼神。这、这岂不是对自己权威地位的挑战与威胁吗！鱼祖宗下决心“清除异己”。它发话说：“此乃鱼妖，一日不除，湖无宁日。谁能格杀之，重重有赏。”

无名湖的鱼家族祖祖辈辈都和平共处，相安无事，不习惯争强斗胜，听到要它们剿灭锦鲤，竟一个个面面相觑，不见有谁勇敢上前。

鱼祖宗期盼的目光停留在了花斑鳜鱼身上，确实，论个头，论长相，花斑鳜鱼是最威武的。花斑鳜鱼知道再推托恐怕会有失众望，答应试试发起一轮进攻。

花斑鳜鱼做梦也没想到，有鱼妖之称的锦鲤其实并不凶恶，只几个回合，锦鲤就败下了阵去，东躲西藏，狼狈不堪。花斑鳜鱼胆子壮了起来，或许是锦鲤的血腥激发了它潜在的食欲，它终于开了杀戒，好啊，吃口还不错嘛，花斑鳜鱼吃出了味道。

鱼祖宗为花斑鳜鱼开了庆功会。鱼祖宗问花斑鳜鱼要什么奖励，花斑鳜鱼愣了半晌说：“凡以后有鱼妖出现，一律由我花斑鳜鱼出击，其他鱼不准插手。”鱼祖宗当场颁下口谕：封花斑鳜鱼为巡湖大将军，有先斩后奏的权力。

后来，无名湖又陆续有人放生了红鲤、锦鲤等，全成了花斑鳜鱼的腹中之食。再后来，吃出了瘾头的花斑鳜鱼一天吃不到红鲤、锦鲤这样的美味佳肴，就馋虫爬出喉咙，可放生之鱼又不是天天都有的。花斑鳜鱼被刺激起的食欲使它控制不了自己的行为了。终于它开始吞吃同类，等鱼祖宗发现花斑鳜鱼的暴行时，花斑鳜鱼已吃红了眼睛，变得六亲不认了。

鱼祖宗大为生气，召集鱼子鱼孙大会，声讨花斑鳜鱼的罪行，并撤销它巡湖大将军的封号，剥夺它先斩后奏的权力。可惜为时已晚，鱼祖宗已无法压制花斑鳜鱼嗜血的食欲。

鱼祖宗号召全体鱼子鱼孙，团结一心，群起而攻之，诛灭花斑鳜鱼，但过惯和平生活、毫无战斗力的鱼子鱼孙哪是花斑鳜鱼的对手，连群斗也被花斑鳜鱼斗得鼻青脸肿。

无名湖从此不太平了。

鱼祖宗懊悔万分。要是当初能容纳锦鲤，一起和平共处该多好啊。谁知灭了锦鲤，却放任、助长了花斑鳜鱼这鱼类杀手。

鱼祖宗郁郁而终。

美文赏析

文章以一则简单的故事告诉我们，包容别人就是善待自己。每个人都会有与别人发生摩擦的时候，如果在那个时候多包容对方，理解对方，就不会发生悲剧。另外，不学会包容别人就是放纵自己，放纵会使人堕落，最后只能害人害己。故事中的鱼祖宗如果一开始就去包容锦鲤，没有赶尽杀绝，也就不会导致最后悲剧的发生。